スポーツは人生に必要ですか

森林貴彦
Takahiko Moribayashi
為末 大
Dai Tamesue

ハヤカワ新書 036

為末 大

写真：古谷勝

1978年広島県生まれ。男子400mハードル日本記録保持者（2024年11月現在）。三度の五輪出場を果たし、世界陸上のスプリント種目で日本人として初のメダルを獲得。引退後、株式会社Deportare Partnersを創業。人間理解のためのプラットフォーム「為末大学」の学長、アジアのアスリートを育成・支援する一般社団法人アスリートソサエティの代表理事を務める。著書に『熟達論』、『ことば、身体、学び』（今井むつみ氏との共著）、『諦める力』など多数。

森林貴彦

1973年東京都生まれ。慶應義塾大学法学部卒業。大学時代は慶應義塾高校野球部で学生コーチを務める。３年間のNTT勤務を経て、筑波大学大学院コーチング論研究室に在籍し教員免許（保健体育）と修士号（体育学）を取得。2002年より慶應義塾幼稚舎教諭として担任を務めるかたわら、慶應高校の野球部でコーチ・助監督を歴任し、2015年監督就任。2023年夏の甲子園で107年ぶりの全国優勝を果たす。著書に『Thinking Baseball』がある。

まえがき

為末大

ほとんどスポーツに興味がなかった友人が慶應高校と書かれたTシャツを着て、慌てて大阪行きの新幹線のチケットを買っていた。慶應高校のTシャツを着るのも初めてだろうし、もしかするとスポーツ観戦も初めてだったのかもしれない。

二〇二三年の夏の慶應高校甲子園優勝はそれほど大きな衝撃を与えた。一〇七年ぶりの優勝というだけではない。慶應高校野球部というチームのあり方が、異彩を放っていたのだ。

勝ち上がりシステムの甲子園は、全ての試合が一回勝負だ。チャンスはたった三年間。敗退した時は泣く。プレーしている時は、必死な表情をしている。監督が喝を入れ、選手は大声で返す。張り詰めた緊張感が甲子園の普段の姿だった。

ところが、慶應高校の選手たちはそのような重圧から解き放たれているように見えた。

いや、重圧はあるだろうし、真剣な顔をしているのだけれど、自由で、時折笑顔もあり、仲間と声を掛け合っている。とにかく、野球素人の私にとっては選手たちの様子は今までとは違うように感じられた。その姿が衝撃を与えたのだろうと思う。

その慶應高校を率いる森林監督と対談をさせてもらうことになり、それをまとめたのがこの本だ。数度にわたる対談は非常に刺激的で示唆に富んでいた。私は何より、私の話を聞いている森林監督が常に頭の中で何かを考えている様子が非常に印象に残っている。


本書のタイトルは「スポーツは人生に必要ですか」だ。私自身が長い間、考えてきたテーマでもある。確かにスポーツはなくてもいいかもしれない。余暇は他にもたくさんあるし、健康のためであれば散歩などのエクササイズで十分だ。むしろ私のように徹底的に自分をいじめてしまうと、身体を痛める。今でも長い間下り坂を歩くと、ハードルを越え着地していた側の膝が痛む。

いったいなぜ、なんのために、私たちはスポーツをするのだろうか。

一方に、スポーツは余暇だという立場がある。スポーツの語源は「憂さ晴らし」や「あそび」であると言われている。そうであるなら、スポーツはただ楽しみのために行なうもので、勝負にこだわりすぎたり、ましてや人生を賭けるようなものではない。大事なのはfunだ、と。

他方でスポーツは教育だという立場もある。スポーツは人を変える力を持っている。全力で真剣に取り組むからこそ、悔しいし、嬉しい。だから勝負には拘《こだわ》らなければならない。人生をかけて挑むからこそスポーツから学べるものがあるのだ、と。

両者はしばしば対立するけれど、私の競技人生は絶妙なバランスでどちらも混在していた。だからこの二つは本当に対立するものなのか疑問にも思ってきた。真剣にやっていたかと言われればそうだと言える。しかしあれはあそびだったのではないかと言われるとそうだとも言える。

一見矛盾するように思えるこの二つを繋ぐ鍵となるのが「楽しむこと」だと考えている。「楽しんでやります」という時に、どうも人によって受け取るイメージが大きく違うようなのだ。だから楽しんでやるとは何事かと怒る人もいる。一方で、『フロー体験』を書いた心理学者のミハイ・チクセントミハイは、楽しんでいるフロー状態が最も幸福度も、パフォーマンスも高いと説明している。森林監督との対談を通じて、この「楽しむ」という感覚を、かなりの程度言語化することができたと思う。

また、本書では、これからの人の育て方についても踏み込んでいる。

昭和のように四六時中働く時代ではない。一方で、好きなことだけをやり、楽しく生きることが成立するとも思えない。関係を深め、時に叱咤《しった》しながら育てていくのか、本人の自由を最優先し、育つかどうかも本人に委ねるのか。こちらも二者択一のように語られることが多い。

だが、本当はこの両者のあいだに、最適な育て方があるのではないか。ただ自由にさせるのでもなく、強制しガンガンやらせるだけでもない、個人が伸びていく方法を語り合った。

大人はつい「役に立つ」かどうかで考える。しかし、役に立つかどうかは何を成功とみなすかで決まる。スポーツで良い学校に行けるから役に立つと考える人は、学歴を重視している。スポーツで儲かるから役に立つと考える人は、金銭を重視している。しかし、もしそこから解き放たれ、名誉も金銭もなく、また進学にも有利ではないとしたら、スポーツはどう役に立つのだろうか。一体なぜ私たちは子どもたちにスポーツを勧めるのか。問いに答えられたとは言えないかもしれないが、少し迫ることができたのではないかと自負している。

元アスリートの私個人としては、慶應高校野球部の部訓「Enjoy Baseball」のEnjoyは、ただ楽しいだけではないもっと深い意味があるはずだと感じていた。それを聞けたのが、とても楽しかった。

ぜひみなさんにも同じ体験をしてほしい。きっと人育てのモヤモヤが晴れるはずだ。

目次

まえがき／為末 大……4

第1章 「努力できる人」の正体 練習論……13

練習を楽しめる選手、楽しめない選手
二・六・二の法則
「数字には表れないけれど何かが変わっている」という感覚
「サイクル」を経験することの効能
創業経営者にスポーツ好きが多い理由
自分の自滅パターンを把握する
冬場はあえて理不尽系
揺さぶられることの重要性
「自分を変えることをいとわない」というマインド

第2章　意図を聞き、感覚を共有する　コーチングの方法論①……43
選手の内面にいかに入っていくか
コツの世界と法則の世界
指導のアートとサイエンス
慶應高校野球部のカギを握る「学生コーチ」
このチームのために何ができるか？
状況判断を復習し、確率を上げる
野球は「考えることができるスポーツ」
チームで先を読む力
第3章　勝負の味わい方　本番論……81
試合前の声かけ
勝負強さとは何か
想像力を断つ
監督と選手のメンタリティの違い

何を言ったかよりも「何でも言えること」が大事
「ワンオンワン」は非効率？
選手同士のフィードバック
自分のテンポを守る
周りの期待との向き合い方

第4章 「正しさ」への視点を養う コーチングの方法論② …… 117
子どもたちと一緒に考える
ティーチングとコーチングのバランス
伸びる子に共通するのは「素直さ」と「明るさ」
目先の勝利か、長期的な成長か
「ハック」の風潮に抗う

第5章 主体的に生きるために 人生論 …… 139
主体性が生まれるきっかけ

失敗なんかない
「楽しむ」と「楽しまされる」
スポーツの「リアリティ」
考えることは人間に与えられた特権

あとがき／森林貴彦……162

構成／篠原諄也

第1章

「努力できる人」の正体

練習論

練習を楽しめる選手、楽しめない選手

為末　陸上競技をやっていると「陸上の何が楽しいの？」「練習はきついだけじゃないの？」とよく聞かれます。ゲーム性のある競技と比べると、ただ走っているだけの陸上は、大会で結果を出すためだけにトレーニングをしていると思われている。でも現場を見るとそうでもなく、楽しくやっているんです。皆で和気藹々《わきあいあい》と会話するような楽しさもありますが、一人で練習している時にも楽しさはありました。「こうやったらできるかもしれない」と考えて実践し、それができた瞬間、「わかった感」が生まれる瞬間が一番楽しいんですね。

森林　自分の成長がわかると大きな喜びになりますね。できなかったことができるようになる瞬間。野球でいうならば、ピッチャーが変化球が曲がるようになったり、打者がバッティングで遠くに飛ばせるようになったりした時です。

為末　競技を問わず、パズルや詰将棋をやっている感じに近いと思うんです。一人で方程式を解いているような楽しさです。でもそう感じない選手もいます。そもそも「こうなりたい」という目標がないと、面白さは生まれてきません。「どうすれば速く走れるんだろう?」と考えることで、「どんな仕組みで体は動いているんだろう?」と興味が生まれるわけです。すると、つらい練習でも楽しさを感じることができる。

森林　高校野球でも同じですね。自分が試合で活躍して勝った時はもちろん楽しい。でも練習は「皆がやっているから仕方ない」というモチベーションで取り組む人もいます。練習を楽しめる選手と楽しめない選手の分かれ目は、まさに自分で追求をしているかどうかです。まず「この前の試合ではこういう球が打てなかったから克服したい」と考える。つまり、自分なりに課題を設定して仮説を立てて、グラウンドにやってくる。でもそこまで思いがいたらずに、なんとなく練習に参加しているような選手もいる。試合の時は楽しんでいたとしても、低いレベルの楽しみ方なのかもしれません。

為末　森林監督から見ていて、選手のどのような動きを見ると「自分で考えているな」と思いますか?

森林　うちは個人練習の時間を作っていて、その時間は自分の好きな練習をやっていいようにしています。そこで部員が何に取り組んでいるかを見ていると、わかります。他の部員にただついていって、ノックを受けるだけの練習をしている部員。一方で、一人でバッティング練習をする時に、自分がなりたい方向を意識した上で、それに対してのアプローチをしている部員。その違いは大きいですね。

例えば、打撃に課題があるのにずっと守備の練習ばかりをしているようなことがある。僕とは「打撃がよくなればもっとチャンスがあるよ」「こういう点がポイントだから克服してほしい」と会話をしたはずなのに。でもある時から、一人でちゃんと打撃の練習をするようになってくる。そうすると、ちょっと動き出したかなと思います。

為末　自分が試合でできなかったことを課題として捉え、練習の中でそれを克服するためのアプローチをしていくわけですね。

森林　自分のパフォーマンスを向上させるために、今これが必要なんだと考えてそれを練習するようになる。ただそれはある程度、いろんな経験があった上でできることでもあります。いくつかの引き出しを身につけた中で選んでいくわけです。

あとはちゃんと質問ができるようになることは大きいですね。今まではこちらの話に対して「はい」「わかりました」と言うだけだったのが、「こういう場面はどういう風に考えたらいいですか」などと聞いてくる。そういう質問を起点に会話ができるようになると、だいぶ主体性が増してきたと感じます。

為末　確かに陸上も同じような気がします。

森林　なんとなく時間を潰している選手と、やりたいからやっている選手。

為末　何かに向かっている選手ですね。

森林　それは結構見えやすいですね。

二・六・二の法則

為末　主体的に取り組むということについて、最初からできる選手もいますか？　あるいは知識やトレーニングが必要でしょうか？

森林　一、二割の子は最初からある程度、素養があります。集団には「二・六・二の法則」があると言われます。優秀な上位が二割、平均的な中位が六割、意識の低い下位が二割になる。そういう意味では、真ん中の六割は最初はできないけれど、すでにできる人と一緒にやると伸びていく。そしてなかなかそうしたレベルにいたらなくて、なんとなく皆の後ろについていているだけの人も、二割程度はいるでしょうか。真ん中の六割にちゃんとアプローチをすると、全体的に動いていくように思います。

為末　僕の陸上の経験を振り返っても、おっしゃることはよくわかります。チームで一番実力がある選手が伸びても、皆はついていかないんです。そうではなく、力が中くらいの選手でみんなに愛されるキャラの選手が伸びると、皆がつられて伸びていく。「昨日まで一緒だったあいつがいけるなら、自分もいけるかも」と思うわけです。チームには全体の空気を変えるような選手がいますよね。

森林　確かに、影響力が強い選手がいます。その人に対して重点的にアプローチして、チーム全体がプラスの方向に変化してもらいたいと思いますね。ただそのキーマンを見極めるのはちょっと時間がかかります。入部してきたばかりの一年生はお互いに「周りのメンバーはどんな感じだろう」と様子を探り合っているようなところがあります。リーダーの素養がある部員も、すぐにはそれを出さずに、ある時から急に頭角を現す場合がある。逆に最初はリーダーをやろうと思ったけれど、自分の実力が伴わなくて自信がなくなって諦める場合もある。そのあたりは集団の面白い部分です。常に生きている感じがしますね。

為末　よく現役時代に「主体的にやるとはどういうことか」を考えていました。それは全部を自分の意思だけでやるということでもなくて、最初はコーチに言われたことをやっているだけなんだけど、だんだん面白さを感じるようになり没入していくことがあります。外から促されてやったことが呼び水のようになり、結果として主体性を引き出していく。内から生まれるものと外から引き出すことの境目、「中動態」と呼ばれるような状態でしょうか。特にチーム競技は周りからの影響が大きそうですね。

森林　常に選手同士で刺激しあっていると思います。それは指導者からの一方通行のコミュニケーションだけじゃないんですね。ただ、プラスの刺激もあれば、マイナスの刺激もあるので、こちらは方向付けをしてあげなくてはいけない。プラスのことを発信している人がいたら、それを促進するように働きかける。逆にマイナスのことを発信してしまっている人がいたら、修正してあげるようにします。

為末　方向付けというのは面白いキーワードですね。一方的に教え込むのではなく、もっと離れたところから全体を見ている。野球は人数が多いので、かなり組織的なアプローチが必要なのではないでしょうか。陸上のコーチングは一対一が多いのですが、駅伝は二、三〇人なのでちょっと似ているかもしれません。その場合、監督は直接指導をすることが難しいです。組織を作り、間接的に影響を与えるようなアプローチをするんです。

森林　そうですね。特にうちは部員が一〇〇人以上いるので、そうしたアプローチをとらざるをえないところがあります。

「数字には表れないけれど何かが変わっている」という感覚

為末　練習に話を戻すと、練習を楽しむといっても、やっぱり苦しい練習は苦しかったんです。陸上の四〇〇メートルなどの競技の練習では、走りまくって吐《は》いてしまうようなこともあります。それはさすがに楽しいとは言えないでしょう。でもそれも一つの醍醐味があるとは言える。何かが変わっていく実感があるんです。そこにやりがいがあって前に進んでいる感触があると、つらい練習も耐えられるように思います。

森林　陸上はタイムが明確に出ますが、その数字があまり伸びていない段階でも、自分の技術が進歩しているとやりがいは感じますか？　それとも、やはりタイムが出ないとなかなかしんどいでしょうか？

為末　確かに最終的にはタイムを出したいのですが、「まだ数字には表れていないけれど何かが変わっている感じがする」という段階があるんです。その時はしんどくても楽しい。それは自分の身体の実感であることもあるし、映像で自分の走り方を見て気づくこともある。その感触を頼りに追いかけていくと、タイムのほうも後から変わってくるという感じでした。

森林　聞きたかったのはそこでした。タイムが伸びていないんだけど、感覚としては進歩しているというのは、為末さんのような一流の選手だからわかるのか、それともどんな選手にでもわかるのか。一流の選手でも、無我夢中の成長期にはまだわからず、円熟期になってやっとわかってくるのか。

高校野球はほとんどの選手が未熟です。トップレベルの選手だとしても、まだ経験は少ないわけです。そこで数字には出なくても成長している感覚を摑める選手というのは、一握りかもしれません。

為末　僕自身もその頃にできていたかどうか、わかりません。高校生だと、球速が上がってきた、筋肉がついてきたなど、外から見える変化を頼りにするのはやむをえない気がしますね。

競技人生を振り返ると、自分の課題がクリアに見えていない時は、タイムに表れていない部分での変化はうまく感じとれませんでした。自分がなりたい姿をイメージできている時は、その感触がわかる気がします。

「サイクル」を経験することの効能

為末　競技の時にトライして、感触を得るサイクルを続けていくと、変化に対する感度が高くなると思っています。兆《きざ》しが見えたらあとはそれを追いかけるだけなので、希望が持てる。

僕の中ではその兆しを追い求める感じは、競技以外の人生でも言えます。競技から得た感触を応用して、世の中を生きている。ぱっと見は変わっていないんだけど、この感触をずっと続けていけば道が開けるはずだという感覚です。

森林　為末さんは感度が高そうですね。自分の中の兆しがあって、それがあるから次々と追求していく。皆が真似したいと思いますが、できる人は限られてくるかもしれません。

為末　僕がいつもできているわけでもないですが、それが努力のできる人の正体だと思っているんです。兆しを見つけて、自分を勇気づけて邁進できる人。そういうサイクルを何度も繰り返して経験値を増やしていく。自分に「きっと変わるはずだ」と半《なか》ば思いこませながら進める。

森林　外からは努力ができる人のように見えるということですね。言ってみれば、自分で必死に努力しているというより、ただ好きで追求しているような状態。

為末　しかも外から見たら、あまり変化は起きてないように見える。「よくあんなに頑張れるよね」と思われたりする。野球も数字で測らない限りは、なかなか変化は見えにくいですよね。

森林　最近の野球は科学的なデータを取り入れていて、投げたボールについては球速だけでなく、回転数や回転軸までわかるようになっています。それでもやはり守備は数値化しづらいですし、ましてや、判断力や先を読む力といったものを数字に表すことはできません。だから、球速や筋力などのわかりやすい指標に頼ってしまう。逆に言うと、その数字が上がっていかないと、なかなか成長していかない。自分がよくなっていると思えずに、モチベーションが下がってしまうわけです。

為末　自分もそういう経験があるので、よくわかります。

創業経営者にスポーツ好きが多い理由

――結果が出ない状態が長く続く、いわゆるスランプに陥った時にはどうするといいでしょうか？　為末さんはスランプの時期はありましたか？

為末　あります。ないほうがいいですよね（笑）。でもスランプがあるからこそ、よりいっそう楽しさを味わうことができると思います。苦しさも含めて「味わう」ような世界。それは結局、いい時と悪い時の落差なんです。落差がないというのはピンチのない映画のようなもので、楽しいところはあるんだけど、味わい深くはなかったなという。

僕は創業経営者の知人が多いんですが、スポーツが好きな人が多い。スポーツをやっていた時の上がったり下がったりする落差と、会社で危機を乗り越えていく感触が近くて好きだという話をよく聞きます。「ではもう一回創業したいですか？」と聞くと「いや、二度とやりたくない」と言うんですけどね（笑）。僕の競技人生におけるスランプもそれと似ていました。二度と経験はしたくないけれど、それがあるからこそ今がある感じがするんです。スランプがないと青春がうまく彩《いろど》れない、と表現するといいでしょうか。

ではその上でスランプとどう向き合えばいいのか。僕は「継続」と「別展開」の二つをやるしかないと考えています。一つはコツコツ継続をしないと絶対にスランプを抜けられない。もう一つは、新しいことを試したりして、あれこれジタバタしてみる。そしてほとんどの場合、スランプにハマった選手が最終的に行き着く真理は、一番の基本に立ち返るのが大事だということです。「技術的に一番基本的なところは何か」と考えてみる。

スランプを経験した選手が引退した後に、コーチングなどで選手にアドバイスをする時、その言葉のリアリティが違います。スランプが深かった人は、結果が出ない時にどういう気持ちになるかを理解している。スランプがなかった選手も時々いますが、他人へのアドバイスはさらっとしているような印象です。

森林　スランプがあるからこそ、うまくいった時の喜びも大きいでしょうね。スランプの対処法についてですが、高校野球ではそもそも高校生の段階でスランプという言葉を使うのもどうかと思うんです。スランプは一流の選手がなるもの。基本的な練習が足りていないだけなのに、スランプという言葉に逃げてしまっていることがあります。だから「まずは練習をしよう」と伝えるのが一つの入り口です。

人が成長する時は常に右肩上がりだと思われがちですが、そんなことはないんです。成長曲線には踊り場があって、なかなか結果が出ない時がある。その後にグッと上がっていく。だから結果が出ない時に地道に継続をしないと、上がる時がやってこない。その踊り場の段階においては、一回下がってしまうようなこともある。上がって下がってを繰り返しながら成長していくんです。だから一生懸命やってもうまくいかない時がある。そしてそんな時ほど人間性が出るんですね。やる気をなくしてしまって、練習がいい加減になってしまう。でもそこでは基本に立ち返って継続することが大事です。選手に対して「今が大事なんだよ」と声をかけるようにしています。

そこでは選手一人ひとりを見ながら、アドバイスを考えます。スランプではなくて単に練習不足であると指摘することもあれば、しばらく話を聞いた後に「難しいことを考えないで基本に立ち返ろう」と言ってあげることもある。その人のタイプや技術的なレベルによって変わってきます。こちらとしてはいくつかのカードを使い分けないといけないし、その数はまだまだ増やしていきたいと思っています。

為末　選手がうまくいかない時に、考えすぎてしまっているパターンはよくありますか？　そんな時、どのような声をかけるのでしょうか。

森林　それはよくありますね。真面目で完璧主義な人ほどそうなりやすい。特にずっと順調にやれていたタイプだと、突然壁にぶつかって驚いてしまう。でもそもそも、完璧に調子を整えて大会に出るようなことはほぼないんです。もちろん完璧を求めていくのは大事ですが、現実的には完璧にならなくても大丈夫であるという安心感を与えないといけない。完璧主義の選手に対しては、大雑把であることの勧めも必要かもしれません。考えすぎてどんどんハマっていくのはよくないので、シンプルに「これだけやろうよ」と伝えるようにします。「とりあえず体を動かしてやってみよう」と。逆に何も考えていないような人もいるので、その場合は自分でしっかり考えさせるようにする。その使い分けが大事ですね。

為末　ほどよく考えていて、本質は外さない。勘はいいんだけど、細かなこだわりに囚《とら》われていない。そういう状態だといいですね。

森林　自分にとって一番よい加減を摑んでいくものなのかもしれませんね。監督としてその手助けをする上では、やはり一人ひとりで感覚は違うことには注意しています。スランプとの向き合い方だけでなく、試合前日の過ごし方や試合当日のメンタルの保ち方など、いずれも十人十色なんです。こちらからはいろんな選択肢を提供しながら、最後は自分で摑んでいってほしいなと思います。

自分の自滅パターンを把握する

為末　僕の場合、競技人生でスランプは二、三回ありましたが、「要するに何なのか」という基本がわからなくなっている状態だったと思います。陸上競技は根本的には物体移動の競技なんです。物を移動させる、自分が移動する。でも難しく考えすぎると、手段ばかりにこだわってしまう。速く移動するためには自分のパワーが必要で、そのためには筋力が必要だから、筋力トレーニングをやる。するとだんだん筋力トレーニングに意識が向かい始めていて、手段が目的化する。「なぜだろう」と考えてみると、そもそも物体移動の競技だったことに気がつく。もう一回基本に立ち返って、思い切って走ることに集中するとうまくいくようになる。自分の競技を勝手に複雑に作り上げていってしまって、「要するにどういうことだろう」と考えて立ち戻るのが僕のパターンでした。

森林　そんなスランプの時に、他の人にアドバイスを求めたりしましたか？

為末　しましたね。振り返ってみて一番よかったのは、長く自分を見ているコーチとの問答でした。常に見ている人ではなかったんですけどね。複数の人にアドバイスを聞くと、いろんな方向から意見が飛んできて、それぞれに合わせるとちぐはぐになっていくんです。選手というものはすごく複雑な要素で作りあげられています。よく陸上のコーチング学に出てくる有名な描写があって、スランプの選手の周りをいろんな専門家が囲んでアドバイスをするんですが、心理学の人はメンタルの問題、栄養学の人は食事の問題、ストレングスコーチは筋力不足だと指摘する。だから誰かが全体を俯瞰して統合しなければいけない。それがコーチだと思います。特にスランプの時には、コーチのフィードバックが一番価値が高いと思います。陸上では調子のいい時は一人でやれる人は多いんですが、うまくいかなくなった時に一人でやり続けるのはものすごく大変ですね。どんどん袋小路になるわけです。

森林　コーチがいると、すぐに答えは出なくても、対話するだけでも発散できたり、自分のことを整理できたりすることはありますね。為末さんは競技人生の後半ではコーチをつけていませんでしたが、それを一人でやっていたというのはすごいことです。自分自身で気づいて、次に向けて動いていくことを繰り返すのは素晴らしいことだと思います。

為末　陸上の経験を通して、自分の自滅パターンがだいたいわかるようになりました。単純なことなのに難しく考えすぎて、いつのまにか複雑化する。そして全部をゼロに戻そうとする。これは競技以外でもそうなんです。ちょっと完璧主義的なところがあるので、何かダメだったら一回ゼロからやろうとするリセット癖があります。子どもの頃からそうでした。ガンダムのプラモデルを組み立てる時に、どこかの足の作り方を間違えると、一度解体して最初から組み立てたくなるような性格（笑）。でも、大変な状況でもとりあえずちょっと堪《こら》えて改善をしていく、パッチワーク的なアプローチも大事だと学びました。発想としてはゼロベースだとしても、積み重ねた物を大事にしたままで取り組む。そうすると、次の段階に行けることがありますから。自分は思い込みが強く、複雑化したがる。だから常にシンプルに考えることを意識していなければいけない。競技をすると自分のクセがよくわかって、とてもよい学習になるなと思います。

冬場はあえて理不尽系

為末　練習は時期によって変化を入れていますか？

森林　チームの状況を見ながら変えていますね。例えば大会直前であれば、ベンチ入りするメンバーが中心になって、他の部員はサポートをするような体勢でやっています。一方、大会が終わって次の大会に向けて時間がある時は、全員で同じメニューをやります。レギュラーであるかどうかは関係なく、ゼロベースで皆でもう一回競争をするようにするんです。

あとは一、二月の冬場は実戦的な練習ができないので、あえて理不尽系の練習をします。過酷な練習メニューを一日、皆で乗り越えてみようと。普段は基本的には、どういう練習が必要かを理屈で考えることが多いんです。足りないところを強化するために練習する時、量が多すぎると質が落ちることがあるので、例えば素振りをするにしても、一〇〇〇本もの数をこなすのではなく、ピッチャーをイメージしながら質を重視して一〇〇本をこなす。それが基本的にうちのスタイルですが、冬の練習だと毎日一〇〇本ずつ増やしていって、最終的には一日一〇〇〇本振るということをやります。

冬は対外試合がないので、マンネリ化しやすい時期です。大会があれば、対戦相手という敵が明確なので、皆で力を合わせて勝とうとしてチームがまとまることができます。でも冬場はそれがなく、部員の同じメンバーだけで毎日顔を合わせることになる。そこではある意味、敵を作らなくてはいけないと思って、僕が理不尽な課題を出すことで、あえて敵になるんです。選手たちにとっては「監督がわけわからないことを言っているけれど、もう皆で頑張ろうぜ」みたいな（笑）。チームをまとめるために、自分が共通の敵になるというのは一つのやり方だと思っています。

為末　陸上でも冬場にそういう理不尽系の練習をやります。オリンピック選手でも、一日に一〇〇メートルを一〇〇回走ったりします。あまり意味がないように思えても、とにかくやるわけです。

陸上選手は基本的にフォームが重要なので、意識が自分に向いています。普段歩く時ですら、肘の動きがどうかなどを考えるようになるんです。でもそれを考えすぎるようになると、意識しすぎて動きがぎくしゃくする。考えすぎて思い切って走ることができなくなる。そういう時に理不尽系の練習をやって、疲労困憊の中、とにかくゴールに向かって全力で走るということをする。すると、意識が自分から離れてひたすらに前に向く状態を作ることができます。頭でっかちになってきた時に、そうやって一生懸命に走るという基本を取り戻す。そういう意味があったように思いますね。

森林　本能に戻る、意識を飛ばす、という感覚ですね。それは野球とも似ているように思います。最近の若い世代は理屈を重視するように思うんですね。練習メニューについて「なぜそれをやるんですか」「どういう意味があるんですか」という風に考える。口には出さないにしても、そういう目で見てくる。普段からそのように考えるのは大事ですが、理不尽系の練習でも意味を自分で見いだしてほしい。そこを乗り越えたら必ず何かがあるんです。そういう練習も必要だと思っています。

揺さぶられることの重要性

為末　練習をする上では時に揺さぶりをかけることが重要ですよね。チーム内のメンバー同士は仲良くて居心地がいいけれど、成長はあまりできていないということがある。そういう時の特徴を一つ見いだすとしたら、練習がワンパターン化されてしまっているんです。毎日、なんとなくランニングに行くなど、同じようなことを繰り返しているだけになっている。そういう状況に対して、外から何かがやってきて揺さぶられることで、しょうがなく新たなところまで行くしかない、という仕組みがあるのは大きいと思います。

森林　揺さぶられることは大事ですよね。僕自身の人生を振り返っても、すごく揺さぶられてきたと思います。大学の学部まではずっと慶應でしたが、会社員経験後に、筑波大学の大学院に行って揺さぶられました。そこで野球以外を専門とする人と出会ったことが大きかったです。陸上の村木征人《ゆきと》先生をはじめ、スピードスケートや相撲など、いろいろな分野を専門とする人々が集まる研究室でした。他の競技と比べることで、改めて野球について考えることができました。異なる価値観を知って揺さぶられることで、自分の考えが固まったり、次にやることが見えてきたりする。そういう意味でも、選手たちを揺さぶってやりたいなと思います。

高校生は意外と保守的でパターン化してしまう側面もあります。先ほどは理屈重視と言いましたが、一方で一度定まったものからははみ出しづらい。毎日の練習に何も疑問を持たずに漠然と続けてしまいがちなんです。「いつも通りに守備の練習をやって、最後にバッティングをやって終わりでしょ」などと考えている。それは居心地のよさに繋がっていく側面もあるかもしれません。でもそういう時に新たなことを取り入れたいと思います。外部からヒントを与えていただくような指導者を呼んできたり、いつもと違うグラウンドを借りて練習したり。揺さぶりをかけるというのは、これまで無意識であっても、ずっと指導者としてやろうとしてきたことでした。

——森林監督は毎日、練習後の夜に一、二時間かけて、翌日の練習メニューを考えているそうですね。

森林　一日たりとも同じ練習にしたくないんです。パターン化されている練習もありますが、その中で少しずつ変化を加えたりします。今日はこの選手とこの選手の連携プレーに時間をとってやろう、あるいは実戦形式の練習をしたいからバントの練習は減らそう、など。あとは日によって条件が変わりますからね。天気が悪かったり、予定が入ったりして、従来通りのメニューができないこともあります。雨が降ってしまって練習ができなかったので、その分の練習は翌日に盛り込む。明日は取材があるからサインプレーの練習は削るようにする。そうすると、次の日のメニューを考えるのに一、二時間はすぐにかかってしまいます。それが面倒くさくなったら、監督をやめるしかない。でも僕は監督をやめられない。本当に夢中で好きでやっているので。仕事だと思って渋々やっていたら続かないでしょうね。

――数年前に注目された新書『映画を早送りで観る人たち』（著者・稲田豊史）を思い出しました。最近の若い世代は、早送りで映画を見る。理由の一つが、心を揺さぶられたくないからだそうです。どんでん返しがあったり、大きな感動があったりするのはエネルギーを使うから嫌なんだと。森林監督も、そういう傾向をお感じになりますか？

森林　そうですね。特にコロナの時期を経て、強まった印象を受けます。お互いに深くかかわらない感じがあるんです。ここは自分のエリアだから入ってこないでほしい、私もあなたのエリアに入りませんから、という感じです。人とかかわることに嫌悪感があるのかもしれません。

自分のペースで進めて、想定できる範囲の中で生きていこうとする。どんでん返しというのは、いい意味で想像以上であることもありますが、悪い意味で想定外のことだってある。後者を恐れるような感じがあります。人前で失敗したり、恥ずかしい思いをしたりしたくない。でもチャレンジして失敗したとしても、そのチャレンジ自体に価値があるはずです。後から見れば絶対にいい経験だと言える。ただ彼らからすると、それは絶対避けたいと思っているんですよね。こちらが後押しをしないとチャレンジをしないようなところがあります。

しかし、特に小学生はじゃれ合いながら、その中で距離感をつかんでいくものだと思うんです。高校生であっても基本的にはそうだと思いますが、濃い関係の中でコミュニケーションをするということが減っている。それをどうにか取り戻したいですね。

二〇二二年に甲子園優勝した仙台育英高の須江《すえ》航《わたる》監督が「青春って密」という発言をしていましたが、本当にそうだと思っています。密なコミュニケーションの中からいろんなものが生まれてくる。学校や部活動の役割というのは、密な関係の中で揺さぶってあげることではないかと思うんです。それが居心地のよさ以上の楽しさを提供することに繋がる。今後もそうやっていきたいと思います。

為末　居心地がいいことは必ずしも悪いことではないですが、その中でも変わっていきたいと前向きに思えるようにしていきたいですよね。

森林　温泉に浸かって心地いい、という環境ではなくて、成長や向上心を大事にしてほしいということですね。

「自分を変えることをいとわない」というマインド

為末　スポーツはむき出しの自分をさらけ出さなくてはならない局面が多々あります。うまくいって勝つ時もありますが、もちろん敗れることだってある。いずれにせよ、傍観者ではいさせてもらえないようなところがあるんですよね。皆が見ている前で、思い切り自分がさらけ出されますよね。そのことによって、うれしいこともあれば、ショックを受けることもある。そこではコンフォートゾーンからの出方を考えることも必要かもしれません。でもだんだん自分で慣れてきて、あまり怖くなくなってくる。

さらに、「自分を変えることをいとわない」というマインドをスポーツを通じて学ぶことができる。僕の場合、そういう感覚が身についたのがよかった気がします。環境や状況が変わったら自分を変えなければならないのは、スポーツに限らず人生につきまとうものですから、早く経験した方がいいんじゃないかな。

森林　まさにスポーツの教育的価値だと思います。人前で勝ったり負けたりする。白黒がはっきりする。そういう意味では残酷な世界ではありますね。学校の教室では、もうちょっとさらっとしているでしょう。スポーツはよくも悪くも勝敗が出るので、その中で人が鍛えられることがあるはずです。

うちは「楽しむ」「エンジョイ」を掲げて練習をしていますが、いつもニコニコと笑っているわけじゃないんです。ランニングのきつい練習だってあります。どんな選手でも、すべてが楽しいかというとそうではないでしょう。でも終わってみたら、そのプロセスも貴重で楽しかったと思えるはずなんです。

為末　ああ、とてもよくわかります。その実感があることが、楽しさという言葉の一つの正体だと思っています。映画を見て楽しむように、傍観者的にいるわけではない。スポーツをすると、それがリアルになるわけです。ものすごい感情の揺さぶりがある。痛いことやつらいこともある。でもとにかく実感があるということが貴重なことだと思います。

森林　自分の人生の主人公になるということですね。それは必ずしも試合だけで得られる感覚ではありません。スポーツをやることで、自分の中のいろいろな感情を経験することができるはずです。

第2章

意図を聞き、感覚を共有する

コーチングの方法論①

選手の内面にいかに入っていくか

森林　為末さんはなぜ現役時代の途中から、コーチをつけていなかったんですか？

為末　自分で練習メニューを決めるのが面白かったんです。今はそのように自由にやる風潮もありますが、当時はまだそうではなく、基本的なメニューはコーチが決めることになっていましたから。

森林　同世代で他にコーチをつけない選手もいましたか？

為末　何人かはいましたね。陸上競技はチームではないのでコーチのつけ方にも濃淡があるんです。毎日見てもらうこともあれば、週に一回だけもあるし、冬の間だけフロリダでコーチをつけているというケースもありました。

森林　為末さんから見て、コーチという存在の重要性はどういうところにあると思いますか？

為末　心理学者のチクセントミハイが、人が「フロー」という、いわば夢中の状態に入るための条件は七つあるとしていますが、僕はそのうちの三つが特にコーチの必要性と関係していると思っています。

　まず一つは選手が即時フィードバックを得られること。これによって、自分がやったことはうまくいったか、次にどうすればいいかがわかります。二つ目が適切な難易度。できるかできないかの境目というレベルの目標だと、自分で工夫しながらチャレンジすることができます。三つ目は目標が明快であること。自ら主体的に目標を設定し、それに向けて取り組めている。この三つがうまくまわっていると、人は面白がりながら夢中になることができると思うんです。

　逆にそれらを阻害するコーチングの方法もあるでしょう。フィードバックは何が起きているのかを相手に伝えることですが、具体的に言わずにいきなり怒ると、選手は自分が上手くなることではなく、コーチが何を望んでいるのかを第一に考えるようになります。それから、目標を外から押しつけること。選手は難易度の調整ができずに調子が狂ってしまいます。そこでは主体性がなくなり、自分からチャレンジをするのではなく、義務感の中でやるようになってしまうんです。

森林　そのような指導をしてしまっている指導者は、高校野球においてもよく見かけます。そうなりたくないですね。

為末　野球でも同様かもしれませんね。陸上は自分と向き合う要素が大きいので、コーチによるちょっとした介入で調子が狂うことがあるんです。

選手はあれこれ工夫して考えている時、自分一人の世界で集中したい。そのために周りをシャットアウトする方法もあるでしょう。コーチが細かく介入してジャッジすると、自分で考えることをやめて、指導者に「次はどうしたらいいですか？」と意見を聞くだけになってしまいます。陸上のように個人だと、どのように介入するかは一対一の関係性の中で決まっていきますが、野球のように集団であればより複雑になってくると思います。

森林監督は指導する上でどういう点を心がけていますか？

森林　こちらから何か介入をするという時に、選手と感覚を共有できないと意味がないと思うんです。「外からは客観的にこう見える」と指摘をするだけでなく、監督が選手と同じような感じでそこに入っていけたらいいですよね。

為末　指導者と選手で感覚がうまくハマったパターンですね。それが成立すると、本当にいい関係性になる。そこに至るためには、質問が必要だと思うんです。「今のどういう感じがした？」「何しようとしてた？」という質問に対して「こういう感じがした」「大きく動こうとしていた」のように答える。本人が何をやろうとしたかを明確にした上で、指導者が現実に起きていることをフィードバックしていく。そこには大体ギャップがあるので、それを埋めるために一緒に考えていく。

　例えば、ハードルでは「どうやろうとしていた？」「軽快にキビキビ動こうとしていました」「でもこちらからは間延びしたような感じがしていたね」「どうやったらキビキビできるんですか？」「足をただ上下に動かしてみよう。足の下の空き缶を素早く潰すような感じかな」など。それで実際にやってみるとうまくいかない。「今のは全然ダメでした」「そうか。じゃあ今度は足を上に引き上げてみよう。熱いフライパンの上を走っているような感じがいいね」となる。

　これは仕事と似ていると思います。社員が書いたメールを相手に送る前に、僕が確認することがあります。そこでは「先方に何をしてほしいと思って書いている？　読んだ感じからすると、こういう印象を持ったんだけど、どう？」「ではこんな書き方だとどうですか？」といったやりとりがあります。それが陸上の会話に近いんですよ。感覚まで入っていくのは、どの世界でも同じなのかもしれません。

森林　選手の内面にいかに入っていくかにはすごく興味があります。「なぜそのプレーだったのか」という意図を知りたいんです。逆に言うと、知らないと指導できません。多くの指導者は外から見えるプレーの結果で評価して、「今のはナイスプレーだ」「そんなんじゃダメだ。次はしっかりやりなさい」と言う。でもそうじゃなくて、どんな判断の上でプレーを選択したのかを知りたいわけです。バッターが打ったか打たなかったかは、素人でも外から見ればわかることでしょう。それは指導者の役割ではない。その瞬間に何を考えていたのか、そのための準備として何をやっていたのか。外からでは見えづらい考えや意図を大事にしないといけません。表面的にはナイスプレーであっても、それが偶然できただけであれば、再現性はありませんから。

コツの世界と法則の世界

森林　ハードルの跳び方を教える時には、セオリーがあるのでしょうか？　一対一ではなく、皆に一斉に同じことを伝えることもできますか？

為末　そうですね。最初は基本的なセオリーを教わります。僕が最初に教えてもらったハードルの指導者はすごくよかったのですが、当時言われたことを今でも覚えています。ハードルを跳ぶ時の勢いについて、ナタにたとえていたんです。大きいナタをぶんっと振ってしまえば、ハードルに多少ぶつかっても何とかなる。細かく考えるより、思いきりが大事なんだと。

最初に技術ばかりを学んでいくと、こじんまりやってしまう。そのほうがきれいに見えるからです。だけど、細かく考えすぎるとダイナミックさが失われてしまう。だから「大きい壁を打ち破るように跳びなさい」と言われました。繰り返していけば技は徐々に洗練されてくるからと。小手先でごまかすと、ハードルの手前でちょっとストップする癖がつくんですね。しかもそれはずっと残ってしまう。その指導者は、将来を見据えた上で本当に大事なことを教えてくれました。

先ほどからの話を少しまとめてみると、スポーツの技術を教えるには大きく二つのアプローチがあると思います。一つはコツを教えること。「このようにやるといい」と教えて、選手はそれを実際にやってみる。もう一つは根本の原理を教えること。物体が遠くに飛ぶとはどういうことか、その法則を理解する。その上で仮説を立てて、試行錯誤していく。先ほど挙げたハードルの指導者が教えてくれたのが、後者ですね。両サイドから体の動かし方を学んでいくように思います。

——感覚からいくか、論理からいくか、とも置き換えられるでしょうか。

為末　そんな感じかもしれません。論理だけではとても技術が成立しませんが、どのように動くのかという法則をある程度わかっているのは大事なことです。例えば、物体が動くということは、何かに力を加えてそこから戻ってくる力を利用することなので、どこかに力を加える点が必要です。走る行為は力をすべて、動いていない地面からもらうことになります。だから、片足で地面に力を加えるのが、走る行為のすべてなんですよ。

一方でコツの世界の表現は「地面を踏む時にお腹に力を入れてやったほうがいい」「地面が熱いフライパンであるかのように走る」などです。多くの場合、コツの世界は言語的で、法則の世界は数学的な感じですね。その両サイドでやることが多いですが、野球ではどちらもうまく取り入れる方法はありますか？

森林　その二つの分け方は興味深いですね。例えば物理法則で言えば、バットを振る時に時速何キロのボールに対して、何度の角度でスイングを当てるとホームランになりやすいか、といったことが今はわかっていて、それを目安にしてトレーニングすることができます。科学的な事実は、最近ではだいぶ明らかになってきているので、伝えやすくなってきました。それは誰がバッターであっても、全員に共通の事実です。

ただ、コツの部分は物理的に解明できません。体を鍛えてヘッドスピードが上がったとしても、ピッチャーが投げる変化球に対してどういう風にバットを当てるのか。その感覚は、一人ひとりで違っています。ピッチャーの投げる変化球も、人によってそれぞれ特徴があります。

一流の選手の感覚というのも、それぞれで全然違うんです。王貞治さんは一本足打法が有名ですが、王さんは元々スイングに問題があって、修正をするために打席に入る前にダウンスイングをしていた。大袈裟に修正をすることによって、打席でやっと修正されて、ちょうどよくなるわけです。ただそれだけを見た他の選手が「王さんがやっているんだから」とダウンスイングを真似しても、うまくいきません。当時は今のように映像を見ながら分析できなかったこともあるでしょう。

とにかくコツの世界は、一人一人の感覚に入っていかないといけないわけです。陸上のコーチだったら一人に対して言えますが、野球で二〇人全員の感覚に入っていくのはやはり難しい。誰にでも当てはまるものをビシッと伝えることはできない。だからこちらはいろんな言い方をして、選手たちにハマるのを待つようなイメージです。そして僕だけでなく、学生コーチによっていろんな言い方をしてもらう。選手にはその中から自分にしっくりくるものを取捨選択してほしいと思います。

いつも選手に対して言葉を発した後に「これはハマるかな？　君にはハマったか！」という感じですね。あるいは結局最後までハマることがなかった、と反省することもあります。

――伝える言葉によって、選手の反応が変わってくるわけですね。

森林　そうですね。こちらもいろんな引き出しを持っていて、結局同じことを言いたいのだとしても、言い方を変えることがあります。ピッチャーが変化球を投げる時、同じスライダーを投げさせたいとしても「指先で切るように」と言うこともあれば、逆に「まっすぐのまま手を放すように」、あるいは「指先を意識せずに肩や腕の使い方を意識して」などと言ったりもします。いろんな働きかけをして、選手も「そういう感じですか」とコツを掴んでもらう。時間切れでそこまでいたらないことも多いのですが、全員に対してそのように指導できるのが理想です。

ただ、そこで重要なのは本人もその感覚を掴む努力をしていくこと。一方的に伝えたらできるようになるわけでもありません。本人が自分で掴んでいくためのお手伝いをするようなイメージです。

為末　陸上が野球とちょっと違うのは、外部のものに合わせることがないことです。野球でバッターが打つ場面では、ピッチャーの投げる球によって打ち方が変わってきます。でも陸上は合わせるべき対象がないので、ひたすらに自分の動きたいように動くだけになる。野球でいうならば、素振りを上手にすることに似ているかもしれませんね。つまり、どんな球が来るかは関係なしに、一人で素振りをいかに合理的にできるかにフォーカスをする。そんな指導法が多いと思います。

とはいえ、それぞれの体が違うというのは、野球と同様ですね。陸上競技の指導論だと、普遍性と個別性で説明します。普遍性は人類共通のもの、個別性は個人個人で違うものです。それぞれの感覚には違いがあるという前提が個別性です。その上で、四肢があって二足歩行している人間である以上、共通する普遍性もあるわけです。例えば「みぞおちから足が生えているように走ってみて」と指導すると、大体の人は骨盤が大きく動き出して、体全体の動きがちょっと大きくなる。そうするとタイムが上がる。そのように、ある程度のコツはあると思います。

つまり、人間だったら共通して使えるコツの言葉と、それぞれの選手にぴたっとハマるような言葉がある。後者については、おっしゃられたように、同じ球を打つのでもどういう風にやるのかは人によって感覚が違うように思います。

今振り返って思うのは、陸上言語には「何々のように」という比喩の表現がすごく多かったことです。「お腹の中に小さなバランスボールが入っているように」などという表現をしていました。架空の条件をイメージさせて、そのことによって身体の動きの変化を引き出していくわけです。

森林　やはり、「のように」と言語化しなければ、選手には伝わらないですもんね。

為末　そうですね。あまりに言葉を浴びせても選手がだんだん混乱してきますから、その辺りは加減やタイミングが重要でしょうね。

指導のアートとサイエンス

――強いチームというのは、監督と選手、あるいは選手同士でいろいろな感覚を共有していることが多いように思います。

為末　そこでは何を共有しているのかがポイントだと思っています。日本の四〇〇メートルリレーが強くなったのは、合宿などで一緒に過ごした時間が大きいのではないかと言われています。急に非科学的な感じがしますが、リレーはシンプルで、ただバトンを渡すだけの競技です。だからこそタイミングが大事になります。後ろから前の走者が走ってきたら、あらかじめ置いてあるマークを越えたタイミングで走り出します。一度走りだすと後ろは振り返りません。あとは後ろから来た走者がちょうどよいタイミングで声をかけると前の走者は腕を出す。そこにバトンを差し込むわけです。遅すぎるとぶつかってしまうし、早すぎるとバトンが渡らない。チキンレースのようなものです。

ところがそのマークそのままで飛び出すのではなく、当日の調子によって若干の微調整をかけます。意識的にも、それから無意識的にも、です。長い間一緒に過ごしていると、いつもよりも仲間の調子が良いか悪いか察知するのだろうと思います。そういうことが、リレーの数々の成功事例を見ていると明らかになってきました。データだけ見れば合宿時間の長さがリレーの成功率に相関しているということですが、その最後の微調整は勘のようなもので、データでもはっきり示せない。普段のその人をどれくらい知っているか、なんですね。ただ、長く一緒に時間を過ごすということは、本人たちの時間を犠牲にするわけですから、その加減は難しいところですが。そういうロジックではない部分について、高校野球の現場で何か思うことはありますか？

森林　おっしゃる通り、ロジックでは解明できない部分があると思っています。もちろんスポーツを科学的にとらえる視点も養わないといけませんが、その一方でアートの部分も非常に重要です。

試合中にエラーをした選手や三振した選手に対して、どのような声をかけるか。あるいは、逆にホームランを打ってベンチに戻ってきた選手にどう声をかけるか。それは方程式で答えが出るようなものではなく、完全にアートの領域なんです。科学的に考えるといっても、その打席は究極的にはこれまで誰も経験していません。ということは、誰も答えを持っていない。そこでどのようにプレーすべきか。どのように声かけをすべきか。それはとても重要なことですね。

そもそも、声をかけたほうがいいのか。あえて邪魔しないのがいいのか。それも選手によって違います。自分だけで心を作って集中できる選手であれば、余計なことは言わないようにします。一方、いつもより迷っているような様子だったら、何かを指示してあげたほうが勇気が出るかもしれない。個人の特性もあるし、その日のコンディションもあるでしょう。そういう意味でも、僕がどういう声かけをしたのか、何を選んだかというのも、論理的に説明ができないですね。「こういう状況だったからこういうアドバイスをする」というセオリーがあるわけではない。声かけ自体がよかったかどうかもわからない。検証もなかなかできないですから。

為末　でも、明らかにそれは機能しているわけですね。コーチと選手には、本当にいろいろな関係性があります。僕はコーチがいなかったので、オリンピックの競技場ではいつも一人でした。ウォーミングアップをして本競技場に入るところにゲートがあって、いつも一人でした。選手以外のコーチはそこまでしか来られないんです。僕はいつも一人で入っていくのが寂しかったんですが、周りのコーチと選手の関係性を観察していると興味深かったです。最後に何にも言わずに握手だけをする人もいれば、背中に声をかけていく人もいる。激しく声をかける人や談笑する人もいました。そして競技が終わって結果が出た後も、コーチによって声のかけ方が違ってくる。二人の関係性と、その日のコンディションによって、コミュニケーションの方法が変化するわけですね。

森林　為末さんの場合はセルフコーチングですから、もう一人の自分がいるような感じだったんですか？　自分を客観的に見る視点が必要だと思いますが、自分で「高めていこう」「落ち着かせよう」など、いろいろと使い分けるのでしょうか。
為末　僕の場合は一人で没頭するタイプだったので、ちょうどよかったんだと思います。没頭しようと集中している時に、人と話すと集中できないんですよ。もしかしたら、森林さんが僕の指導者だったら「あいつは自分ひとりで集中するから、声かけはしないでいい」と判断したかもしれませんね（笑）。昔からそういうタイプだったので、中高の先生もそんな感じで扱ってくれていた気がします。逆にちょっと依存心があるような選手は、最後に何か一言かけてほしいでしょうね。

慶應高校野球部のカギを握る「学生コーチ」

森林　うちの部の場合、一人ひとりを見る上で重要なのが学生コーチの存在です。慶應義塾大学に進学した元慶應高校野球部のメンバーが学生コーチとして入ってきます。一学年平均三人、四学年合計で一〇人を超えるぐらいの人数です。

僕が練習の全体を見る役割ですが、細かい点は学生コーチが決めることも多いです。僕が「守備を一時間やってから攻撃を二時間やる」といった大枠を決めて、学生コーチはその中で選手代表と話し合いながら練習の運営をしてもらいます。僕は選手全員の動きを見られないので、学生コーチから選手の情報を得た上で、個別にアプローチをしたりします。

高校生の選手たちにとっては、自分たちと年齢が近いことは大きいでしょう。やはり監督の僕と高校生では年齢差がある。僕には相談しづらくとも、学生コーチにならば話せる。そういう意味でも、学生コーチはうちの野球部にとってすごく大事な存在なんです。

為末　学生コーチとは特徴的で面白いですね。コーチに対してコーチをする、コーチオブコーチが行なわれるということですよね。

森林　そうですね。ただ学生コーチに対してのコーチングもやらないといけないと思いつつ、任せてしまっているところはあって。彼らは高校生の時に部員として在籍していたので、学生コーチがどのように動くかはある程度わかっています。どういう風に接してもらったらよかったかなど、先輩のやり方を見ながら自分のスタイルを確立していく。その上で、僕が大切にしていることは伝えていきたいと思いますね。やはり選手とコーチでは、角度が全然違うということを知っておいてほしいです。

為末　学生コーチがコーチングをする上で、定石やセオリーはあるでしょうか？

森林　教えることの定石に関しては、どのような配球がいいかなどはある程度標準化しやすいところです。ただ、コーチングのスタイルについては、人それぞれですね。厳しく指導するコーチもいれば、逆にフォローしてあげるメンタル重視のコーチもいる。大人数の中で役割分担ができていればいいかなと思います。

僕が何もかも指導してしまうことにはジレンマがあります。全員を僕のコーチングの考え方にはめ込んでしまう恐れがある。というのは、僕とは違うタイプのコーチがいたほうが、チームとしてはいいという考え方なんです。そういう意味でも基本的に「まず自分の好きなようにやってみて」と言っているんですが。そうはいっても、コーチによっていろんなブレがあって、選手が迷うことになってしまったらよくない。でも指導の方法を統一してマニュアル化すると、コーチたちの面白さはなくなってしまう。難しいところですね。

為末　「自分でできる」ことと、それを「相手に伝える」ことは違いますよね。伝えることになった時に、急に難易度が一段上がる感じがするんですよね。だから学生コーチの経験はすごく学習になると思います。スポーツに限らず、いろんな場面で応用ができそうです。

森林　上司と部下のあいだに入る中間管理職のような立場ですが、そこで全部上司が言う通りに動かないといけなくて、自分の権限が何もない状態だったら、モチベーションは下がってしまうでしょう。そういう意味でも、学生コーチの裁量を大きくしたいと考えています。

当然、監督と選手の間に入るポジションなので、両方の意見がわかるわけです。上につく場合と下につく場合と、流動的にポジションを変更しながら、うまくやっていかないといけない。だから大変だと思いますよ。でもそれを大学生のうちに経験できるのは貴重なことだと思います。

為末　陸上はあまり組織的にならないので、監督側につくか、選手側につくか、そのどちらかに寄ってしまうことが多いんです。「全体としてうまくいくために自分のなすべきことは何だろう」という発想で考えることはすごく少ない。大学生でそれを肌感覚でわかるだけでも、貴重な経験だと思います。

このチームのために何ができるか？

為末　ここまでお話ししてきてあらためて思いましたが、陸上の最大の弱点は、自分よりもチームのことを考えるという視点が極めて薄いことです。それが、陸上界を引退した後に問題になるという（笑）。

森林　自分が主人公でありすぎると。でも、しょうがないですよね。そういうことを考える機会がないわけですから。

為末　陸上はずっと一人ですべてを背負って競技をしているので、その意味で選手は主体的かもしれない。でも「チームのために自分は何ができるか」と考えるのも主体性だと思うんです。引退してから会社を経営していると、チームのことを考える重要性を痛感します。

そもそも陸上では「頼る」ことがよくないとされます。わかりやすい例としては、当時は試合会場に携帯電話を持って入れませんでした。外の人と話をして気持ちが落ち着くかもしれないから、それが助力行為と見なされてしまう。まあ高跳びや槍投げなどは、スタンドのコーチと会話したりしているんですけどね。基本的には「グラウンドに入ったあとはすべてセルフでやりましょう」という哲学があるんです。そういう自分ひとりでやるという点はかっこいいと思っていましたが、そのまま社会に出ると不具合を起こしがちですね。例えば、人と一緒に仕事をする上では、「頼る」力はすごく大事です。一人ひとりは基本的には自立していながらも、互いに信頼して頼り合うという。

森林　逆にチーム競技に慣れると、人に頼ってばかりになってしまう危険性もあります。特に野球はワンプレーごとにベンチからの指示を仰ぐことができるので、「指示通りにやればいい」となってしまいがちな構造です。例えば、サッカーやラグビーだったらプレー中にストップせずに進んでいくので、選手たちはその場で臨機応変に考えるしかない。でも野球は一球ごとに介入できてしまう。それは人を育てるという意味では、ちょっとよくないかもしれませんね。「命令通りにやるのがいいプレーヤー」という評価になりがちなんです。それでは、主体性を持ってやっていくことから遠ざかってしまう。本来、自分で考えられる強い個が集まることで、強いチームになると思うんです。

陸上は完全に一人なので、そんな力が鍛えられていくと思います。しかもタイムが明確に出るので、残酷といえば残酷です。それがランキングになって皆の前に晒されていく。〇・一秒の差で勝敗が決まる世界で、その結果を自分ひとりで引き受けないといけない。

為末　そうですね。そこでは過去の自分の記録との比較もあります。ずっと伸びていないことが数字で出てしまうわけです。例えば、僕は一〇〇メートルのタイムを一一年で〇・一秒縮めました。一〇〇メートルの桐生祥秀《きりゅうよしひで》選手は一〇秒を切る九・九八秒のタイムを出しましたが、そもそも高校時代に一〇・〇一というすごい記録を出していたので、これまでの競技人生をかけて〇・〇三秒を縮めたことになる。本当にシビアな世界になってきます。

森林　チーム競技の野球とはちょっと違うところだと思います。野球は個人がうまくいかなかったとしても、チームが勝てば報われる。逆からいえば、自分が活躍するかどうかよりも、チームを勝たせることを第一に考えないといけない。

とはいえ、野球には個人競技的な側面もあります。マウンドに立つ時は一対一の勝負です。特にバッターは誰にも頼ることができない。サッカーやラグビーは周りにパスをすることもできますが、野球の場合は打席を代わるわけにはいかないので、自分でなんとかするしかない。それに数字が比較的出やすいスポーツでもあります。そういう意味では、野球には個人競技とチーム競技がハイブリッドになっている面白さがあります。

為末　個々の選手のスキルは定点観測していますか？

森林　定期的に個人の目標をシートに書いてもらうようにしています。現状と理想についての自己分析をしてもらうんです。今のレベルはどれくらいなのか、そして夏の大会ではどうなっていたいのか。そのギャップを埋めるのが練習です。それを元に学生コーチと選手で一対一でミーティングをしますが、目標は「これならば頑張ったらいけるかも」というところに設定します。それを達成したら、さらに上を目指してもらう。個人の目標は低すぎてもいけないし、高すぎてもいけないんです。「日本一を目指そう」などのチーム目標は簡単に変えられませんが、個人の目標は適宜見直してあげることが大事です。チームと個人の目標はそれぞれ別に動かさなくてはいけません。当然、個々によって目標は変わってくる。皆がレギュラー入りするわけでもありませんから、ベンチ入りが叶わない選手はBチームの試合でしっかりプレーをしてベンチ入りを目標にする。そういう風に一人ひとりのモチベーションを保ってあげないといけません。

状況判断を復習し、確率を上げる

——選手の判断力や先を読む力はどのように養っていますか?

森林　野球は監督依存・ベンチ依存になりやすい競技ですが、自分で状況判断をしないといけない場面は当然出てきます。でもそこで結果だけで判断してしまうと、本質を見失うんです。つまり「打たれなかったからいい」「打たれたから悪い」などという単純な話ではない。大事なのはなぜ、そのようなことになったのか。そのプレーを選択した意図を聞いてあげないと、成功したとしても再現性がありません。失敗が次の学びにならないんですね。

具体的には配球といって、ピッチャーとキャッチャーが相手のバッターを攻める時に、どういう球を投げるかの判断をします。キャッチャーが最終的にサインを出すわけですが、チームによっては監督が全部指示する場合もあります。うちの場合は、基本的にキャッチャーとピッチャーで決めてもらっています。そんな配球について、試合後に状況判断の復習をしてあげないと学びになりません。ピンチの時になぜ四番バッターに対して一、二球目でその球を選んだのか。その意図を聞いた上で、話をするのが大事ですね。

うちの場合は配球に関して、三つの要素があると考えています。それはピッチャーを中心に考えること、バッターを中心に考えること、状況について考えること。

ピッチャー中心は、ピッチャーの得意な球やその日に調子がいい球を基準に考える。バッター中心は、相手バッターの分析ができていれば、その苦手な球を基準に考える。

例えば、バッターがインコースのストレートの球はホームランにする力があるとなると、たとえピッチャーがストレートが得意だったとしても、はじき返されてホームランを打たれてしまう可能性がある。そしてそれに加えて、状況という側面もあります。今、ホームランを打たれるのだけは避けたい、それならばフォアボールでもいいと。

キャッチャーが判断する時に、三つの要素を満たすようなサインがベストですが、なかなかすべてを満たすことはありません。三つのうち二つは満たそうか、などと悩みながら判断しているわけです。そういう状況判断の復習をすることで、次の状況判断の確率が上がるんです。体のトレーニングだけではなく、考えるトレーニングを繰り返しやらないといけない。野球は打った・打たないの二つの結果で判断されがちですが、そこにいたるまでのストーリーは複雑です。

為末　配球には定石があるんですか？

森林　ある程度はありますね。例えば、インコースの高めとアウトコースの低めの対角線で攻める方法があります。インコースの高めの球は、バッターはバットが一番手前の体に近いところで打つ。一方、アウトコースの低めは、できるだけバットを前に出して打たないとうまく捉えられない。だからその差を作ってあげれば、バッターが打つ時に感覚がずれる可能性が上がります。

為末　そうした定石は、もちろん相手も認識しているわけですよね。

森林　そうですね。ただ認識はしつつも、対応しづらいことには変わりはないんですよ。逆にそれをバッターもわかっているから、その裏をかくというやり方もあるでしょう。バッターの苦手なコースがあれば、そこを連続で投げる場合もありますし。コントロールミスをして打たれてしまうこともありますが。

為末　相手バッターの弱点を狙う時に、自分が得意でないコースだったら、ミスして打たれるリスクもありますよね。

森林　そうなんです。逆にバッターは自分の好きなコースの近くだと手を出そうとして、ボール球でも打ってしまうこともあります。ただそうしたバッターの分析は高校野球ではそこまで進んでいないこともある。そうすると一般的なセオリーで攻めていきます。

何試合かを見ることができれば、相手の特徴がだいぶ見えてきます。そうするとバッターの得手不得手まで見えてきて「このバッターはここは打てない」「ここはめちゃくちゃ打つから注意しよう」ということがわかってくるんです。

為末　先ほどの三要素を考えるとおおむね正しい選択だったけれど、ホームランを打たれてしまった、というケースもありますよね。その場合はどんな評価になりますか？

森林　「研究が足りなかったけれども、こういうこともあるな」と考えることが多いでしょうか。特に公式戦の最中だと、失敗を引きずらせてはダメですから。「ああいうコースをああいう風に打つのか。これは予期できなかった。攻め方は悪くないよ」と励ましたりします。

為末　僕は試合で負けた時に二つの考え方をしていました。「負けたんだけど、やり方は間違えていなかった」という考え方と、逆に「負けたんだからやり方に問題があったと考えるべき」という考え方です。結果で全部判断してしまうと、あともうちょっと続ければ上手くいくようなやり方をやめてしまうかもしれない。一方で、反省しなければいつまでも学習しない。どのように反省すべきかは、すごく悩ましいところなんです。野球の場合、例えばホームランを打たれてしまった時に、それは問題があったのか、もうしょうがなかったのか、どういう加減で判断するのでしょう？

森林　非常に難しい問いですね。ただとにかく公式戦の期間中は、あまり後ろ向きにはさせたくないところはあります。「今のは相手が上だったし、そういうこともあるだろう」と考えて、基本的には今まで信じていたことを続けようとする。でも、大会が終わった後にはしっかり振り返りをするべきでしょうね。「相手がよかっただけじゃなくて、こちらの考えが浅かったかもしれない」と反省してみることも必要でしょう。

為末　そういう時に、選手がどうしてそう判断したのかという分析を聞くことで、選手の中のロジックが組み立てられて、伸びていくということが多いですよね。

森林　そうですね。「何でできたかよくわからないけれど、うまくいきました」という感じだと、結局次に繋がらないんです。ただサイコロを毎回振っているだけのようなイメージです。「おお、出た！　うまくいった！」で終わってしまう。それでは教育的な意味があまりないと思います。なぜそうなったのかの振り返りをちゃんとさせてあげないといけません。自分自身で考えることで、自ら気づきにいたってほしい。一人で気づくのが難しかったならば、チームとして足りなかった部分について話し合ってほしい。そういう気づきをいかに増やしてあげるかが大事だと思っています。

野球は「考えることができるスポーツ」

――スポーツをやる上では、無意識に瞬間的に判断をすることもあるように思いました。例えば、サッカーのドリブルやパスなどは、言語化以前に感覚的にやっているようにも見えます。

為末　まず、スポーツによって意思決定のされ方に違いがあるんですね。野球の場合は意思決定がクリアですよね。その打席でピッチャーはどこに投げて、バッターはどこに打ったか。サッカーやラグビーの場合は、競技時間中はずっと動いていて、意思決定が流れていく。そういう意味では性質が違うと思います。

野球がデータスポーツとして面白いと言われているのは、一打席ごとに区切られているからだと思います。そういう意味では、実はチーム競技というよりも、個人競技のようでもある。将棋を打つような感覚にも似ています。それが一つ背景にありそうです。

その上で、無意識による意思決定と自覚的な意思決定の加減について、どのように振り返るといいのかという問題がある。やはり無自覚であっても、自分でそれに気づいていることはとても大事な気がするんです。つまり、「自分にはそうする癖がある」「こういう状況になるとパスを出しがちになる」と気づいているのと、無自覚でやっているのでは違いが出てくる。そこでは、指導者やチームメイトからのフィードバックが重要だと思います。ほんの些細な言葉で自分の無意識の癖に気がつくことがあるんです。

森林　おっしゃるとおり、野球は一球一球がセットプレーで、しかも十数秒の時間があります。そういう意味でいうと、考えることができるスポーツなんです。ツーアウト三塁になって、カウントがツーツーになって……そこで一五秒ぐらいは必ず時間がある。その時間を生かすためにも、ちゃんと頭を働かせることが大事ですね。

為末　野球ファンの飲み屋での話を聞いていると、よくそういう話をしていますよね（笑）。ちょっと文句を言いながら「次はこうしたほうがいい」といろいろとシミュレーションをしていて、一億総監督になっているような。それは野球の面白さの一つなんだなと思います。

森林　プレーヤーとしてそれを毎回やっていれば、いいトレーニングになるだろうと思います。そこで何となく監督の方を見て、その指示通りにやっているのか、あるいは自分で考えているのか。その違いは本当に大きい。一試合で二五〇〜三〇〇回ほど考える機会があり、それを三年間やっていたら何万回もある。その都度、状況判断を考えることができるわけです。それを積み重ねて、一球一球の質を高めていくことで、非常に中身の濃いものになっていくでしょう。

チームで先を読む力

森林　また、野球ではチーム内で声かけをすることで、次の動きの予測を共有し合います。うちのチームでは三種類の声かけを使い分けています。プレー前の準備の声、プレー中の声、プレー後の振り返りの声です。準備の声は「次に盗塁するかもしれない」「セーフティバントがあるかもしれない」などの予測の声。プレー中の声は「バックサードしろ」「こっちに投げろ」などの指示の声。それから振り返りの声は、プレー後に「今のはちょっとカットボールのラインが曲がっていた」などという反省・評価の声です。

特にプレー前の準備の声がたくさん飛び交うチームが強くなってきます。いろいろな予測ができていて、準備ができているということですから。準備の声が飛ばないということは、次に何が起こりうるかがわかっていないということです。だからちゃんと声を出すのが大事なんです。僕がよく言うのは「わかっていたけれど口に出していないというのは、わかっていないのと一緒」だということです。二〇人のうちの一人がその声を出せば、皆が「ああそうだ」と気がつくことができる。

それがチーム競技のよさでもあります。先を読める人が一人でもいれば、それを共有すれば皆が準備ができる。声を出す人が誰もいないとゼロになってしまいますが、一の声が出ればそれが一気に二〇人全員に伝わる。そういう意味でも、ゼロか一かの違いは大きいですね。そういう声というのは、先輩から学んでいくところもあります。三年生でそういう声を出している人がいれば、二年生にもそれが身についていく。そのようにうまく繋いでいきたいなと思っています。

為末　次にどのようなことがありうるかと予測する時には、いろんな可能性を考えておかないといけません。こうくるかもしれないし、ああくるかもしれない。もしかしたら、ああなるかもしれない。その選択肢は多すぎてもいけないし、少なすぎてもいけない。その辺りのさじ加減があると思います。

森林　おっしゃるように、選択肢を広げすぎてしまうと集中できなくなってしまいます。やるべきことをいくつも準備しなくてはいけなくなって大変になる。複数の選択肢の中でも「この可能性はないな」「あるとしたらこれだな」などと短い時間内で整理できているのが、いい選手だと思います。野球の一球一球の一五秒ほどで選択肢を一回広げてから見定めていく。簡単にはできないことですが、それができる選手を増やしていきたいです。

　もっとも、高校生は経験が少ない分、こちらから修正してあげないといけないことも多いです。選手の間で「盗塁されるかもしれない」という意見があっても、「この点差で盗塁はないだろう」ということはある。そこで僕は「ピッチャーは盗塁を気にしないでいいから、バッターに対峙する気持ちでいきなさい」と言う。そのように修正をするためにも、まずは基本的に声がたくさん出ることが大事だと思っています。

為末　どんなことがありうるかを予測するというのは、野球やスポーツに限らず、仕事をする上でもとても重要なことですね。僕は仕事上意見を求められることが多いのですが、その範囲も広く、特に動画メディアでは事前に何を聞かれるかはわからないことがほとんどです。真面目なだけの番組であればまだわかりやすいですが、ジョークと本気が飛び交う場所だともうちょっと複雑ですね。

　事前に予測できるようなものではないですが、どこに問題が起きる一線があるのかをつねに予測しておくのは大事です。しかも、きちんと決まっているわけではなく時代の空気でも変わっていく。

　どの仕事であっても一番怖いのは、考えたことのなかったことが起こることだと思います。すべてを予測するのは不可能ですが、一通りを考えてはいたということがすごく大事ですね。

森林　人間は想定外の出来事が起きるとバタバタして、どんどん泥沼にハマっていってしまいますからね。うちのチームでも基本的にいろんなことを想定内にしようとしています。例えば、試合開始後にいきなり点を取られることもあるし、エラーが出て失点してしまうこともある。そこで「そういうことくらいあるよね」という感じでやれるのは、メンタル面で大事だと思います。

第3章

勝負の味わい方

本番論

試合前の声かけ

――「楽しむ」という表現に関しては、オリンピック選手が会見で意気込みを聞かれた時に、「楽しんできます」と答えて批判の的になったりもしますよね。

為末　プロスポーツの世界でよく物議を醸すテーマですね（笑）。そもそも「楽しむ」という言葉が意味しているところは何か、というのがやはりポイントになりそうです。

森林　人によって受け取り方がだいぶ幅広いですからね。

為末　僕は二〇〇八年の北京オリンピックに出場した時に「もうこれが最後かもしれない」と思いました。だから「勝ち負けは関係なく、全部を忘れないように感じてこよう」と心に決めました。今考えると、それを「楽しむ」と表現することもできるかもしれません。

森林　「試合を楽しもう」と一言でいっても、受け取り方は一人ひとり違います。昨年の甲子園の時には、僕は「味わおう」と表現していました。日本で高校野球をやっている選手が何万人もいる中で、最後の舞台の決勝で戦うことができるのは、二〇人対二〇人の四〇人しかいない。試合会場では満員のお客さんが見てくれている。さらに戦うのは春のセンバツで負けている相手だった。こんなに贅沢なことはないでしょう。だから「もう味わうしかないぞ」と伝えました。そして結果的に本当に満喫できたと思います。スポーツは勝ち負けのみに焦点が当たるとどうしても窮屈になってしまいますが、それと関係がない味わい方をしてきました。負けたら楽しくなかったかというと、全然そんなことはなかったと思います。

為末　甲子園期間中、どのようなタイミングで選手たちに声かけをしていましたか？

森林　現地に三週間ほど宿泊していましたが、毎晩ミーティングをしていました。時期によって、次の対戦相手の話をすることもあれば、その日の練習の振り返りをすることもありました。野球ではなく人間性の話もしました。そして決勝戦の前日には、映像を見たりしながら対戦相手の分析から特に抽出した最低限必要な戦術を共有した上で、どのような心持ちでいくといいかという話をしました。合計で三〇分ほどの短さだったと思います。

為末　試合前に選手たちに話をするのは重要ですよね。例えば決勝戦の直前にチームのムードに対してアプローチできるのはいつなのでしょう？

森林　前日の夜のミーティングの後でいうと、当日にちょっと待たされている時間などにも話をできますね。決勝戦はバスを降りると、なぜか対戦相手のバスが来るのを待って、相手と向かい合うことになるんです。そこで決勝戦の舞台に入っていくところをカメラで撮影する。そんな特別感が作られていました。そして室内練習場に入ってから練習する時間、ノックをした後にグラウンドに水をまいているちょっとした時間、そういう時に話をするようにしました。

為末　その時の言葉がけ次第で、チームの雰囲気が変わりそうです。

森林　そうですね。ただ直前はあまりいろいろと言わないようにはしています。キャプテンなどの選手が中心でコミュニケーションがあるほうがいいなと思っていて、本質的には僕から一方通行で指示するようなことはあまりやりたくない。僕がいてもいなくても、関係なく動いていくのが理想です。僕が直前にバタバタ指示したとすると、それはいろんな準備ができていない証拠でもありますから。必要に応じてやることもありますが。

勝負強さとは何か

為末　試合の時、チーム全体があまりよくない雰囲気になっていることはありますか？この空気は自分が介入しないとダメそうだなという。

森林　やはりそういう日はあるものですが、去年（二〇二三年）の甲子園についてはなかったんです。練習の時には多少改善が必要なこともありましたが、試合に関してはキャプテンがなかなかできた選手だったので、いろいろなコミュニケーションをしてくれていました。例えば、彼が率先して試合前のバスの中でメンタルトレーニングをしていました。カーテンを全部閉めて目をつぶって音楽を聴きながら、その日の自分を作るイメージトレーニングをしていたんですね。僕が介入せずとも、自分たちでいい雰囲気を作って試合に向かえているなと思っていました。

為末　緊張を振り切って楽しめるような心境になれていると、勝負強いですよね。

森林　皆いい表情でプレーできていたと思います。もちろん、負けたら終わりだという怖さ、うまくいくだろうかという不安や重圧なども、皆が感じていたはずです。でも、それを喜びや感謝が上回っていた。開き直りと言ってもいいかもしれません。それがいい結果を引き寄せた。どちらが先なのかは難しいですが。

常にそういうレベルに達するようなチームづくりをしたいなと思いますが、簡単ではないですね。高校野球の多くのチームは、県大会でも甲子園でも負けたら終わりだという必死の形相でやっている。それが最高のパフォーマンスを出すかというと難しい。かといって、無理やり笑ったりリラックスしたりはできませんし。

為末　試合は緊張はしますからね。

森林　やはり必ず緊張はしています。でもそれを含めてプラスに持っていける力が重要です。去年は「準備はちゃんとしているからあとはやるだけだ」という開き直りがあったと思います。野球の場合は、準備の不十分さが試合の不安を増幅することがよくあるんです。「あの練習をしていなかったから試合で失敗したらまずいな」と。そうではなく「しっかり練習して克服したから大丈夫だ」となるといい。そうすると、仮に相手が強いチームだったとしても「もうとにかくやるだけだ」と開き直ることができます。

去年は、自分たちの力が一〇〇あるとしたら、毎回のように一〇〇に近いものを出せました。これは高校野球ではなかなかないことです。実力では対戦相手のほうが上で一二〇あるけれど、七〇しか力を発揮できていないということがあった。うちは一〇〇しか持っていないけれど、常に九〇以上を出せていた。そうするとうちが上回る。そういう試合が何度かありましたね。それが本番に強いということに繋がるかもしれません。

つまり、準備をすることでいい意味の開き直りができるということ。そこで感謝や喜びを強く感じると、不安や重圧を上回っていく。そういうムードをいかにしてつくるのか、まだまだ解明できていないところがありますが。

想像力を断つ

森林　為末さんは現役の時、ご自身で本番に強いと思っていましたか？

為末　思っていましたね。僕はベストタイムと二番目に速い記録は世界大会の決勝で出ているんですが、これは結構珍しいんです。本番でベストタイムが出ない選手も結構いる中で、僕はベストタイムが全部大きな大会で出るタイプの選手でした。なぜかと振り返って考えてみると、たまたま最初の試合に出た時に力が出て、その自己暗示がかかっていて、ずっと雪だるまのようにぐるぐると回転しただけのような気もします。いつも本番の時には開き直るような感じがありました。

あと僕の場合は想像力を断つのが得意だった気がしますね。「もし失敗したらどうしよう」という想像力が膨らんでくると、だんだん恐くなってくる。そうではなく、目の前のハードルにずっと注意を向け続けることが得意だったんです。うまくいくレースの時には、これからのレースだけに注意が向かっている。それは高校野球で試合前に開き直って、力を発揮できたという話と近い気がします。「今この瞬間に失敗したらどうしよう」などと想像し始めると、もうほとんどいいことはありません。不安がどんどん膨れあがってくる。「絶対に失敗できない」と焦って動きが縮こまってくる。こうなってしまうと、最悪のパターンです。

森林　想像力を断つという表現は面白いですね。どうすれば断てるのでしょうか？　それは無意識なのか、意識してできることなのか。

為末　僕の場合は物理的に目の前のものをじっと見続けるということをやっていました。なんとなく経験則で学びました。椅子に座って待っている時に、単純に地面をずっと見続ける。地面を見ている間は、地面以外の余計なものが入ってこないようにする。何かを一生懸命見ることで、心の中を埋めておくようなイメージです。この方法が本当に正しいのかわかりませんが、自分には合っていました。あとはイメージトレーニングをやっていました。「一台目、二台目をこうやって跳んでいくぞ」と頭の中で想像していました。

森林　想像力はプラスの方向に使えるのであればいいですよね。「よし全力でプレーしよう」「優勝してやろう」と考えられる。でも確かに不安や心配を増幅してしまうこともあるものです。

為末　僕は生来は楽観的ではないと思うんです。想像力といった時に、どちらかというとよくないリスクのほうを思い浮かべがちなタイプだと思います。それぞれの選手ごとの特性と、それに適したモデルがあるのかなと。

森林　それでいうと監督というのは、マイナスの想像をたくさんしておかなくてはいけない役割です。ピッチャーが打たれたらどうするか。四番バッターは調子が悪く、最後まで打てないかもしれない。誰かが体力的にきつくなっている兆候があれば、もし足をつったら誰に交代しようか。そのように、いつも「どうしようか」と考えている。超マイナス思考ですよ（笑）。それが杞憂に終わってくれたら何も問題ない。でも基本的には心配は先取りをしないといけないわけです。だからプラス思考で楽天的な人は監督には向いていないと思います。「まあなんとかなるだろう」と思っても、そうならないことのほうが多いですから（笑）。

それは選手の想像力とはまたちょっと違う気がします。選手は楽観的でいたほうがいい。マイナス思考になると、やっていけないと思うんですよね。「打てなかったらどうしよう」「打たれたらどうしよう」「負けたらどうしよう」などと考えると、なかなか自分の力を発揮できないでしょう。逆に監督はそのような思考で常に次の手を考えて、心の準備をしておかないといけません。

監督というのは、周りから「何を考えているかよくわからない」と思われるくらいがいいと思うんです。心の中を察せられないようにするのが一つの仕事ですから。監督が考えていることが高校生にわかったらダメでしょう。そのためにある意味、演じているとも言える。ずっと演じているうちに、自然にそうなってしまったのかもしれません。何を考えているか対戦相手にも悟られたくないので、味方すら騙すという感じすらある。時にはあえて強気に演じてみることもあります。でもいつも監督は一人であれこれ心配しながら考えているんです。

監督と選手のメンタリティの違い

為末　勝負強い指揮官と、勝負強いプレーヤーでは、メンタリティが違いそうですね。監督はどちらかというと、最悪の事態を考えて対策を考えておかなくてはいけない。逆にプレーヤーはリラックスしたコンディションでいるほうが力を発揮できる。

森林　そう思います。基本的に選手に対しては「好きにやっていい」と言いつつも、監督の僕はそれがうまくいかなかった時のことを考えている。選手には気持ちよくやってもらうのが一番いいわけですから。

だから、いつも選手がどういうメンタルでいるかは気にかけています。「本当に好きにやれているだろうか」と心配になることもあります。そのメンタリティというのも、人によって違いますからね。超ネガティブ思考な人がいたとしたら「どういう言葉をかけてあげようかな」と考える。皆が同じメンタルトレーニングをやったとしても、全員がプラス思考になるわけでもない。そんなに簡単ではないんですよね。

為末　僕の周りには本番になると顔面蒼白になる選手もいました。そういう選手はそれを受け入れた上で、力を発揮するためにはどうすればいいかを考えないといけません。そこで無理に「自分は平気なんだ」と思い込んだとしても、本番で明らかになってしまうでしょう。いろんなメンタリティがあって、それに合わせた本番の準備の仕方があります。

森林　チームスポーツの場合、どうしても全員に向けてまとめた言い方をしなくてはいけません。でもそれがしっくりとこない選手がきっといるはずなんです。大会のメンバー二〇人にも二〇通りのメンタリティがある。個別に対応できればベストですが、やはり時間に限りがある。全員に通用する言葉を考えた末、最大公約数のような言い方を選ぶことになります。「ふわっとした言い方になってしまったな」と思った時には、個別でフォローするようなこともあります。

為末　そしてチーム内ではいいムードも悪いムードも、どんどん伝わっていきますよね。

森林　そうなんです。特に悪いムードが広がることを危惧しています。いいムードは伝わりにくいけれど、悪いムードはすぐに広がるんですよ。例えば、夏の試合では途中にクーリングタイムという休憩が一〇分ほどありますが、そこで自分たちがリードしていたら、その日は勝った前提で次の試合の話をしてしまうことがあるんです。これは皆の気持ちを緩めてしまう典型的なパターンです。試合中にそういうことは言ってはいけません。喜ぶのは勝った後なんです。でも高校生は言ってしまいがちなので、意識的に指摘します。というのも、気持ちが緩んでからそれを元に戻すのは本当に難しい。そういう悪いムードが広がってしまうのは、チームスポーツの怖さでもある。

逆に言えば、皆がいい空気をつくることで、落ち込んでいる選手をうまく引っ張っていくようなこともできる。そのどちらもあるのがチームスポーツなんですね。

何を言ったかよりも「何でも言えること」が大事

為末　試合後の振り返りはどのようにされていますか？
森林　公式戦の場合だと、基本的にベンチに入っているメンバー二〇人でやります。取材対応が終わってダウンが終わって、ロッカールームで着替えて少し冷静になったようなタイミングです。他のチームは最初から監督が話すことが多いですが、うちはまず選手だけで一〇分ほど振り返りをします。その時に監督が横にいると気になるかなと思って、僕はロッカールームから退出しています。僕がいたら、選手たちは「監督の前だからいいことを言わないと」と思ってしまいますし、僕の采配に対して否定的なことも言えないでしょう。選手の振り返りが終わってから、ベンチ入りしたコーチと部長と僕がそれぞれ数分の短い間で話をします。

その場にベンチ入りしたメンバーしかいなかった場合、あとから他のメンバーにもできるだけ共有するようにしています。次の練習日に「試合の振り返りとしてこういう話が出た」と話題に出すんです。試合中、ベンチに入っていないメンバーはスタンドから見ていますが、それでは細部までわからないこともありますから、「あの時はこういうサインだった」などを共有します。ベンチに入っていないメンバーがなるべく疎外感を持たないように注意しています。その上で、次の試合に向けての練習メニューを決めていく。大人数がいる中で、一人ひとりの多様性は尊重していながらも、チームとしての一体感を持つことも心がけています。

為末　お話をうかがっていると、振り返りの場自体を設計しているようなイメージなんですね。どういう環境でどういうメンバーだと話しやすいのかを考えていると。

森林　環境作りという感じですね。選手だけのミーティングで何を喋ったかについても、あまり聞かないことも多いんです。実はそこで何を言っていたかよりも、いろんな意見が出やすい雰囲気だったかどうかが大事。皆で振り返りができる場を作ってあげることを常に意識しています。

為末　スポーツ選手たちとあるチームを組んでいた時に気づいたのですが、競技やチームによって自分の意見を言う文化と言わない文化でくっきり分かれているように思いました。例えば、あるアメフトの選手が会議で全然発言をしなかったのですが、後から聞いてみると、面白い視点を持っていたんですね。「なんで皆の前で言わないの？」と聞くと、チームでは指示されることを聞くばかりで、選手の視点の提供は求められた経験がなかったと。そこでは喋っていい人と、喋ってはいけない人とが、くっきり分かれていたというんですね。だから森林監督がおっしゃるような、皆が自由に発言できる場づくりは本当に重要だと思います。

森林　実は野球でもそういう空気になってしまっていることがよくあります。基本的に自分から喋るのではなく、指示されるのを待ってしまっている。そうではなくて「あなたの意見はどうなんだ」ということが重要です。だから練習試合であっても、僕たちの部では試合後にまず選手だけで振り返りをしてもらいます。キャプテンなど上級生が話すことが多くなってしまいがちですが、下級生もちゃんと発言はしている。その後に監督やコーチが最後に話をまとめていく。

先に僕らが喋ってしまうと、選手たちは「はい、わかりました」と一言で終わってしまうでしょう。例えば、夏の大会が終わった後に「次のチームはこういう方針でいこう」などと先に施政方針演説をしたら、選手たちはそれ以外の意見は言えなくなってしまう。「今度のチームでは新しくこういうことをやりたい」と選手から先に意見を出してほしいと思います。

誰かが意見を言った時に皆から一斉に批判されたり、「え？」という白い目で見られたりすると、もう次からは発言したくなくなりますから、心理的安全性を確保するためにも、何を言っても大丈夫だという空気を作ってあげることに気を遣っています。

為末　選手本人がどういう意図だったかを話すことによって、やっと監督の側もフィードバックをすることができますよね。そこで意図がない場合もあるかもしれませんが、「それではダメでしょ」とツッコミを入れられますし。

日本の指導の現場ではスポーツに限らず、「本人がどうしようと思っていたか」を話す場面が少ないと思うんです。だから周りもそれに対して何かを言ったり、質問したりすることができない。それで結果として、判断力が育たないということが起きているように思います。

森林　時間と手間をかけないといけないところですね。先にこちらから「あの場面ではこのプレーをすればいいだろう。次からそうしなさい」と言ってしまえば、選手は「はい」と答えて一分で終わる。そこで「なんであの球を選んだ？」「ピッチャーはどう思う？」と問いかけながらフィードバックをすると、一〇分くらいはかかる。時間も手間も一〇倍になるんですよ。

結局、指導者はキャリアや知識があるので「こうしなさい」と言ってしまったほうが早くて楽なんです。選手も「はい」と言うだけで、答えを知ることができる。その場だけを見るとお互いが楽ですが、選手の成長をさせていくことを考えると、手間をかけていきたいところです。

「ワンオンワン」は非効率？

為末　ちなみに監督と選手のやりとりは、一対一なんでしょうか？　他の選手も見ていますか？

森林　他の選手も聞いています。誰か一人に向けて話していることでも、皆にも聞いていてほしいと思っています。だから練習中に拡声器を使うようにしているんです。会話を周りに聞いてもらって、皆も「そういうことか、次はそうすればいいんだ」とわかってほしい。自分事にしてほしいんです。そんなアプローチが大人数のチームとしては欠かせないと思います。

為末　やはり、皆の前で発言する時に萎縮してしまわないようにする雰囲気作りが大事ですね。詰めるようになると皆は押し黙ってしまうでしょうから、その辺りの絶妙な加減が必要そうだと思いました。

森林　何かを指摘する必要があったとしても、最終的には全否定のような方向には持っていかないようにしています。「そういう考えだったんだね。それはわかるけれど、こっちの要素も考えてほしかった」「それは結果オーライで、本当はこっちのほうが確率が高くない？」「それはそれでわかった。でももっとよくする方法がある」などという言い方をしますね。

皆の前で全部否定されたとなると、その人のプライドを傷つけてしまうし、他の人も萎縮して発言しなくなってしまう。むしろ代表してよいテーマを提供してくれたと考える。僕はそれを使って皆に指導をすることができる。そうしたら、皆の学びになる。うまくいかなかったことが、次に向けてのよい材料になる。練習試合で打たれてしまったとしても、それをどうにかして次に生かせばいい。そういう前提のもとで、打たれた理由を一緒に考えていくんです。

為末　ビジネスのシーンであれば、面談は皆の前ではやらず、ワンオンワン（一対一）

をやると言われますよね。その重要性もわかるなと思いつつ、僕はスポーツ出身なので効率性を考えたら、皆の前でケーススタディにしたほうがいいなと思うんです。ただそれをやる上では、チームの信頼感が相当高まっていないといけないとなとも思います。自分たちは課題の話をしていて、誰かの責任を追求しているわけではないんだと皆がわかっていないと萎縮させてしまう。英語で「it's nothing personal」というのですが、個人の話ではなくあくまでチームのためにやっているとわかっていることが前提ですね。

そのためには強い立場の側が質問型のアプローチにして、うまくファシリテーターとなることが重要なのだと思います。そうすることで自分の考えを躊躇せずに話すことができる。これがうまくいくと周りの皆が聞くことで学べて、いいケーススタディになる。会社の場合はいろんな利害があって人の目を気にする場合もあるのかもしれませんが、本当はもっと多くの人を育成できると思うんです。

選手同士のフィードバック

森林　監督に対してだけではなく、選手同士でも率直に意見を言い合ってほしいと思います。チームというのは、単に居心地がいいだけの仲良し集団になってしまってはダメなんです。お互いに指摘をし合って、高め合う関係性が理想的です。
　でも、最近の高校生たちは厳しく言い合うようなことは苦手です。昔のように「俺はどう思われようが言うぞ」というタイプはなかなかいません。どちらかといえば「あなたに厳しいことを言わないから、僕にも言わないでね」という感じ。お互いに嫌われてしまうことを怖がっているような関係性です。でも監督としては「お互いに甘々でやっていて居心地はいいかもしれないけど、それって本当に強い個なのかな？」という問いかけをしていかないといけない。
為末　よくわかります。率直なフィードバックができる関係性ですよね。
森林　若いうちに率直なフィードバックに慣れることで、世の中に出た後のシミュレーションにもなるでしょう。それはスポーツや部活を通して学べる価値の一つだと思っています。

為末　しっかりと意見を言う力を育てるのは、スポーツの現場に期待されていることの一つですね。社会に出て年齢が上がってくると、自分たちの先生と呼べる存在がいなくなっていく。そんな時に周りの人と率直なフィードバックができているかがすごく重要だと思っています。何か本質的なことについて意見をもらうことで、やっと気づくことがあるんです。

僕自身はそれを陸上で学びました。スポーツの現場で受けたフィードバックが、自分の人生にも大きな影響を及ぼしている。スランプの時に自分がどういう状況に陥ってしまいがちかという話も、実は友人のフィードバックから気づかされました。うまくいかないとすぐにやめて新しいことを始めてしまう癖について、友人から「とにかく一つのことを最後まで愚直にやってみたら？」と言われたんです。喧嘩になるスレスレのような状況もありますが、信頼関係がある相手と話し合えるのは、とても重要なことだと思います。

森林　信頼関係があるというのは重要なポイントですね。

為末　チームメイト同士はそれができる関係性ですよね。特にこれからの世の中で率直なフィードバックはハラスメントのリスクもあり、同世代や友人関係の間以外は難しくなると思っています。でもそれで自分の課題に気がつかなければ、最終的に苦労するのは自分なんです。一人で気がつければいいですが、セルフコーチングには限界もある。

森林　他人からの意見を聞く習慣がないままに社会に出ると、会社で初めて上司から何かを指摘されて、嫌になってすぐに退職してしまったりする。議論をしながら率直なフィードバックをするのと、人格を否定するのは全く別のことです。でもそれを混同してしまうわけです。

これは日本の教育の問題でもあるかもしれません。小さい頃から自分の意見をちゃんと言う習慣がまだまだ少ないのだと思います。個別であれば言えたとしても、皆の前で自分の意見を言うなんてとてもじゃないけど無理、となってしまう。それを高校生が部活動で少しでも身につけられたらいいなと思います。

自分のテンポを守る

森林　為末さんは本番に強いとのことでしたが、周りの選手を見ていて本番の強さについて分析すると、何か共通の特徴があるでしょうか？　心の持ちようや準備の仕方などで印象に残ったことはありますか？　オリンピックに出るような一流選手は、基本的には本番に強い人ですよね。

為末　まず、陸上では走る競技と跳んだり投げたりする競技でちょっと違います。跳んだり投げたりする競技は、前の人を見ているともちろんプレッシャーになりますが、基本的には自分が今からやることに集中するので、純粋に自分と向き合います。

一方、走る競技は走っている最中に周りにリズムを崩されないことが大事です。すぐ横を人が走っているという状態は、わかりやすく例えるならば、自分が机をある一定のリズムで叩いている時に、隣の人が全然違うリズムで叩き始めるような感じです。それにつられると、リズムが狂ってしまう。陸上では「引き込み」というんですが、すごくよくあるんです。後ろから走ってくる人が早いピッチで来たら慌ててしまう。それを無視して自分のリズムを刻める人が勝つんです。

森林　外からの影響を遮断して、自分のテンポを守るということですね。

為末　また、大きな大会で勝負に挑む時の心のモデルとして、二つあるように思います。一つ目は、今日は大舞台であると考える。その特別感を出した上で、集中して、最後は開き直る。もう一つは、いつも通りの心の状態を保とうとする。普段から使っているタオルやカバンを持ってきて、ここは大舞台ではなく、いつものグラウンドと同じなんだと言い聞かせる。僕の場合は、前者の開き直りパターンでした。

森林　心のモデルが二種類あるというのは面白いですね。いろんなメンタルトレーニングがある中で、結局は自分の固有の持っていき方が重要だと思います。特に個人競技の方はそうなのだろうなと。チームでは横に仲間がいるので、会話をしているとある程度緊張がほぐれることはあります。甲子園のような大会であっても「皆一緒だよな」という感じで、仲間同士で頼り合うことができるんです。だから自分一人で向き合う個人競技は凄いなと思います。

為末　いろんな選手の心理を分類して、それぞれに合う緊張の対処法を整理することもできるかもしれません。僕が印象深くて今でも覚えているのは、ある南米の選手が一人でずっとしゃべっていたことです。僕からすれば「気が散るからやめてくれ」と思っていましたが（笑）。また、海外のカトリックの選手は最後は十字架を切って挑むということも多い。これはよいモデルだと思うんです。準備までは自分がやることで、そこから先は神様が決めることだという。シンプルですよね。ある意味、開き直りの一つの手法だったと思います。

森林　宗教はひとつの拠り所になりますよね。日本人は比較的、宗教心が薄いので、神様に願うというよりは、自分がどうかというところに戻ってくるように思います。

チーム競技の場合も、選手によっていろいろなパターンがありますから、監督の僕が「こっちだぞ」と指示をしてしまうと、そうじゃない人に対してうまく機能しません。甲子園での「いつも通りにやろう」という一言ですら、そのまま受け取って平常心を保てる選手もいれば、「いや、どう見てもいつもと違うでしょう」と疑問に感じる選手もいる。そういう意味でも、どちらかに寄せるのではなく、どちらにも当てはまるような言い方を考えるんですね。

為末　チームでやるとしたら、それしかないですよね。

森林　いろんな人がいるというのが大前提です。うちは監督が教祖のような存在になって、自分の色に染めてすべてを指示するようなチームではありません。皆が同じような考えを持つわけではなく、一人一人がバラバラでいいと考えています。そういう前提である以上、中間的な言い方にはなりますね。あることを言った後に、その逆のことも言ってみたり。バラバラであるということは、一人ひとりに対してある程度対応をしていかなくてはいけないので、手間はかかってしまう。

だから高校野球のチームではほとんどしないことなんです。多くは監督が何でも決めて「うちはこういうやり方なんだから大丈夫だ、わかったか？」と一方通行で指示をするスタイル。チームの色を強く決めて、そこを目指すのはまとめやすいですから。しかも毎年同じようにやっていけば、基本的にずっとそれだけでいいから簡単ではある。選手がもともとどういう人であるかも関係なく、「あの監督がやるといつもこういうチームになるよね」というチームカラーに強烈に染めていく。特に甲子園に出てくる高校はそういうチームが多い。それはそれで凄いとは思いますが、僕は真似しようとは思いません。

うちはチームのあり方は毎年違っていいと考えています。キャプテンによってまとめ方も変わるでしょう。一人ひとりに多様性があっていい。すると、毎回変化するので、それに対応するやり方をしなくてはならない。それがいつもうまくできているかというと、わかりません。結果がよければよく見えますが、皆がバラバラで一体感が作りきれなかったと後悔をする年だってあります。でも結果を保証するためだけに、同じようなことばかりを一方通行で指示するというのはどうなのか。毎年、県大会でベスト8には絶対に入るようにする、そんな最低品質保証をすることは目標としていません。

チームというのは、ある意味で生き物なんです。本当に可変性が大きいものです。一年の中でも変化があるし、年度別に見ていても違いがある。去年、三年生で優勝したメンバーが抜けて、二年生と一年生とで新たなチームを作っていく。去年の結果を目の当たりにしていますが、すぐにそのまま同じことをできるわけではありません。今年のチームに合うものを見つける作業をしなくてはいけない。一年かけて試行錯誤する。それがうまくいく年もあれば、うまくいかない年もある。最後にいつもハッピーエンドで終わるわけでもありません。試合というのは相手もあることですから、仮に自分たちが成長したとしても、相手のほうが上回れば負けてしまいます。思わぬ成長を遂げることもあれば、全然うまくいかない時だってあるんです。

周りの期待との向き合い方

——チームは生き物のように毎年変化していく、というお話が出ましたが、一方で世間は「慶應高校野球部」というものに対して一定のイメージを持っています。そのギャップをどのように受け止めていますか？　周りからの期待にはどのように向き合えばいいでしょうか？

森林　期待と一言でいっても、いろいろな種類があると思うんです。「去年優勝したので、今年も二連覇を目指して頑張ってください」といった、試合の結果に関する期待についてはあまり重くは受け止めないようにしています。結果が出るか出ないかは相手との兼ね合いもあるため、自分でコントロールできない部分でしょう。もうやれることをやるしかないわけです。

一方、野球を通して教育をすることへの期待、つまり「こういう人を育ててほしい」「こういう力を身につけてほしい」という期待については、それに応えるように引き続き注力していきたいです。もっと言えば、さらに磨いていきたいと思います。それは自分たちの取り組みによってコントロールできる部分ですから。

コントロールできる部分に関してはそれに応えるように一〇〇パーセントをやり切る。一方、試合結果のようにコントロールできない部分に関しては、期待に応えられるかどうかにはとらわれずに、自分たちでやれることをやっていく。そういう割り切り方が大事だと思います。

為末さんも周りからの期待がある中で、オリンピックや世界陸上などの大会に参加していたと思います。そうしたプレッシャーにはどのように向き合っていましたか？

為末　期待がないとプレッシャーもありません。ですから期待のコントロールは大事でした。自分ができそうなことよりも周囲の期待が高いと、重圧になることがあります。

そういう意味では、自分ができそうだと考えているラインよりも、周囲の期待が低いといい。一般的にチャンピオンには期待が大きく、挑戦者には期待が小さい。だから選手たちは挑戦者の立場でありたいと思います。

挑戦者にも重圧はありますが、一度勝った後は勝利を期待されるので、また違った種類の重圧を経験しますよね。勝った後の風景はなかなか経験できない。慶應高校野球部の選手たちは、その貴重な経験をしたわけですよね。

また、だんだんと自分らしさができていきそれが期待されるようになると、変化しにくくもなります。「こうであってほしい」という声が大きくなりますからね。成長する時には大きな変化が必要とされることもあり、その時には一旦は今までの自分と決別しなければならない時もあると思います。

一方で、自分という軸は大事なので、そこがぶれてしまうと良い結果が出せなくなります。軸は守りながら、きちんと変化していく必要があるのですが、世間の声が正しいのか自分の声が正しいのか、結局結果論になるのでこれも難しいですね。

あとはそもそも周りからの声が多いというだけでプレッシャーにはなってしまいます。

「頑張ってください」という言葉も、数百、数千という数になってくると、急に重荷に感じてきます。だんだん本番の日が近付いてくるとそわそわしてくる。もしかしたら、慶應高校の選手にもあったかもしれません。

――メディアの報道も期待やプレッシャーを生む一つの要因かもしれません。見栄えがするものにフォーカスをして、過度にドラマ化してしまう。選手の成長というよりは、勝ち負けの結果ばかりにこだわるようなところがあると思います。メディアに対して思うことはありますか？

森林　金メダルを取った人に対して「次も金メダルを期待しています」と言ったり、銀メダルだった人に対して「次は金メダルですね」と言ったりする。それはごく自然なことで、仕方がないとも思いますね。「僕らのことに一切かかわらずに、見て見ぬふりしてください」とも言えません。ある意味、黒い雲のようなものに取り囲まれているような感じになります。

でも、そこで期待されているといっても、皆がそこまで本気で思っているわけでもない。優勝しようがしまいが、その人の人生が変わるわけでもないわけですから。その黒い雲を振り払った上で「結局、自分たちでやれることはもう目の前のことしかない」という境地にいたることが大事だと思っています。僕自身はそう考えていましたが、今年（二〇二四年）の選手たちにそこまでちゃんと伝えきれたかというと、反省するところもあります。選手たちの間では「去年は優勝したから甲子園に行かなくてはいけない」といった「せねばならぬ」という考え方がどうしても大きくなってしまった。チャレンジする方向になかなか行けなかったと思うんです。

「前年優勝」という枕詞が何かと付きまとう中で、今年は期待されていました。その中でうまくいかずに大変だったことも多かったはずです。でも逆に言えば、前年優勝という立場は全国でうちの学校しかない。シーズンが終わってから皆に話したのは、昨年は何をやってもうまくいって、いろんなことが結果に繋がった一年、今年は期待とプレッシャーがあってうまくいかないことが多かった一年、その二年間を経験できたのは本当に貴重なことだ、ということです。

ディフェンディング・チャンピオンという言葉もあるように、一度トップになると次はそれを守る立場になります。チャレンジする攻めの気持ちで新しいことに挑戦したいのだけれど、どうしても守らなきゃいけない。実際守るものはないんだけれど、守らなくてはいけない感じに仕立て上げられてしまう。
それは仕方がないことですが、高校生たちにとってはなかなか大変なことです。短期的に見れば重圧がかかった一年だったと思いますが、振り返ってみれば有意義な経験だったのではないか。選手たちにはそれを乗り越えてほしい。「こんなに貴重な経験はできないよ」と伝えたいです。

為末　それは凄くいい経験だと思います。

森林　はい。本当にこんな経験、なかなかできないわけですから。

第4章

「正しさ」への視点を養う

コーチングの方法論②

子どもたちと一緒に考える

――近年、小学校などで主体性を育む教育として「アクティブラーニング」が導入されています。現場にいらっしゃる森林さんは、これについてどのようなお考えをお持ちですか?

森林　アクティブラーニングの難しさは、周りが外発的にやろうとしているという矛盾があることだと思います。極論を言えば、自ら学ぶのだったら、学校なんかなくても学ぶわけですから。でも学校で「アクティブラーニング」をする場が作られて、その中で学ぶということをしている。その構造自体が全然アクティブではないわけです。周りがお膳立てすればするほど、実はアクティブであることから遠ざかっている。そこはすごく悩ましいところですね。

では何もしないのがいいのかといえば、もちろんそんなことはありません。最初は先生に言われてやったことでも、それがきっかけになって面白さを感じて没頭することがあるでしょう。趣味や仕事でもそういうことがたくさんあるはずです。例えば、小さい頃にお父さんやお兄ちゃんに公園に連れて行かれて、キャッチボールをやってみた。最初は乗り気ではなかったけれど、いつの間にか好きになっている。それが後から振り返れば、野球との出会いになる。きっかけ作りという意味で、学校の授業や部活動は大きいですね。教師や指導者は種をまいて、水と肥料を与える。子どもたちの誰がいつどういうタイミングで芽が出るかはわからない。でもそれを続けるのが我々の役目なのだと思います。

　つまりアクティブラーニングという枠組みの中で、自分で課題を見つけて取り組んでみる。そこではいやいややっていたとしても、社会に出た時に生きてくることはあるはずなんです。教員というのは、その場で即効性のある教育をやるわけではない。目の前の子どもたちの将来に働きかける仕事だと思っています。

為末　おっしゃるように、教育はすぐに結果が出るわけではありませんよね。中学校でやった取り組みが高校で伸びるというような、短いスパンじゃないはずです。本当に効いてくるのは、もしかしたら二、三〇年後に独学の状態に入ってからかもしれない。

指導者はまだ答えが出ていないことを子どもたちと一緒に考えることが大事だと思います。僕はその点で、スポーツはすごく使えると信じています。例えば体育の授業でバスケットボールをやる時に「どういうチーム編成でどういう戦術にすると、相手に勝てるだろう」と考えますよね。それは先生だったら生徒よりは知識はあるかもしれませんが、究極的には答えはわかりません。先生はそこで「どうすればいいだろう?」という問いを出すことが重要です。生徒が考えているうちは、先生は自身の答えは言わないで我慢する。生徒たちはそこで考えるプロセスから学びを得ていく。その繰り返しが大事だと思います。

森林　おっしゃるように、これからは教員は一緒に考えることが求められると思っています。現状の学校教育は「答えがある問いに対して正解できた人」が評価される仕組みです。各教科で覚えるべきことを暗記して、テストの問題に正確な答えを出す人がいい点数をもらえて、学力が高いとされます。でもこれからは変わっていくと思うんです。

ＡＩの台頭によって「教員は答えを知っているが、子どもたちは知らない」という関係ではなくなってくるでしょう。子どもたちはＡＩを使えば、目の前の先生からよりも、よっぽどいろんな情報が得られる状況になるわけですから。

そうなると先生や指導者は、子どもたちと一緒に探求するナビゲーターのような側面が求められる。何かを教え授ける指導者、それを受け取る生徒、という関係ではなくなってきます。もちろん、最初に基礎的なスキルを教えることは大事なんです。算数ではやはり九九を暗記しないと、次の二桁のかけ算はわからない。国語では漢字の意味がわからないと、文章を読み解くことができない。

ただある程度の基礎的なスキルを獲得して、もっとレベルが上がった時には、はっきりとした答えはなくなってくる。特に社会に出て直面する課題に明確な答えはありません。そもそも課題自体を自分で見つけて設定していかないといけない。その上で仮説を立てて、試してみてダメだったら改善する。そういうサイクルを続けていく。子どもたちが将来的にそういう力を養えるように、教師や指導者は手助けをするべきです。

ティーチングとコーチングのバランス

為末　それとは対照的に、陸上では基本の型のレシピを作って教え込むタイプの監督がいます。中学生や高校生はそのメニューを順番通りにこなしていくと、足が速くなっていくんです。でもそれだけではダメなんですね。特に大学生になってから、急に伸び悩むようになってしまう。それはなぜ足が速くなったのか、自分でよくわかってないからなんです。

森林　言われた通りにやっていただけだったと。

為末　何も考えずに、気がついたらその動きになっていたわけです。しかし大学の新たな環境でちょっとバランスが崩れてしまったような時に、どうしたらいいのかがわからなくなってしまう。逆に自分で勘所がわかっている選手は、大事なことの真ん中の部分は変えずに、少しずつ微調整していくことができます。

　高校までに一つの型をカポッと全部インストールするのではなく、いろいろな試行錯誤を経た上でやってきた場合、自分の体を理解しているんです。例えば、高校生の頃からコーチと「ちょっとやり方を変えてみよう」「さっきと今はどう違った？」「今のほうがちょっとよくなりました」「じゃあ、なんでそうなったと思った？」「もしかしたら中心から力を使うほうがいいかもしれない」というような会話をしている。それを繰り返すうちに、体の動かし方や体が支配されている物理法則をだんだんと理解していきます。そのように手間をかけることが大事です。

森林　高校野球でも監督の型にはめるチームに所属をしていると、大学やプロになった後にいまひとつ伸びないんですよ。なぜそれをやっているかよくわからないけれど、言われたままにやっていたらよくなっていたという経験しかない。その状態で新たな環境に放り出されると、自分で何をしたらいいのか、全然わからないんですね。

——その一方で、効率化などの観点でいえば、型を作ろうとする側の気持ちもわかります。

森林　再現性が高く、計算できますからね。

為末　先ほどの九九のお話と同じで、独力でまったくのゼロから作り上げるというのは難しいので、基本を学ぶことと、自ら感じて考えることのバランスが重要だと思います。

森林　ティーチングとコーチングのバランスですね。ティーチングで最低限のセオリーや型をきっちり教え込むことは必要です。寮生活で全部管理されて、言われたことを全部やる。そうすると、自然によくなっていることはあるでしょう。でもそれだけではダメなんです。その後は自分の課題を理解し、それを改善するためのコーチングが重要になってきます。

為末　かなりの部分は基礎的な知識や型に支えられているので、それをうまくスライドさせることが大事ですよね。このことを意識している指導者はそこまで多くないかもしれません。つまり、ティーチングとコーチング、どちらかを取るといった議論が多いような気がするんです。実際には成長に応じて、ティーチングからコーチングに変わっていきます。「守破離」のような感じですね。

――ティーチングとコーチングのバランスは何対何がいいでしょう?

森林　時期によると思います。高校野球では、一年生にとってまず一番の基本は安全管理です。ボールやバットの使い方を間違うと危ないですから。キャッチボールをやる時に後ろに人がいたら投げてはいけない。それによって大きな怪我をしてしまってからではもう遅い。そうした基本中の基本をティーチングしていきます。その上で、野球のセオリーやルール、チームとして大事にしていることを教えていく。それが身についてきて二、三年生となると、コーチングの割合は増えていく。大雑把に言えば、八：二だったのが、二：八になるようなイメージです。

為末　基礎をしっかりと固めて、無意識にできる技を多く持っていると、クリエイティブなことをやろうとした時に支えになるんですよね。

　僕は引退後のある時、友達に連れられて社交ダンスをやってみました。初めてであまりうまくできなかったんですが、先生から「チャチャチャというステップだけは非常にうまい」と褒められたんですよ。実はこれはハードルを跳ぶ時の最後のタタタという三歩と同じような動きだったんです。つまり、基本的な動きを知っているので、それを応用することで高度な動きを作ることができた。

　ただ、プレーヤーとしての僕の弱点は、自分で考えてやりすぎてしまうんです。今、振り返ってみれば、そもそも基本的なことを言われた通りに飲み込んでいたほうが早かったな、と反省することがよくありました。

森林　何歳の頃から主体性を出しまくっていたんですか。

為末　特に大学に入った時でした。「全部自分で決めてやる」と思ってやっていました。三年ほど続けたものの、スランプに陥ってギブアップしました。それで東海大の陸上指導者・高野進《すすむ》さんのところに行って、指導をしてもらいました。一年間、頭を全部空っぽにして、とにかく言われた通りにやっていったんです。そうすることで、やっとスランプから抜け出すことができました。

とはいえ、もしかしたら僕のようなタイプは少ないかもしれませんね。逆にティーチングからコーチングに入る時に、うまくいかなくなる人も多いように思います。

森林　そうですね。野球でも、ずっとティーチングされたいタイプの選手がいるんですよ。自分で考えることはせずに、うまくなる方法を手っ取り早く教えてほしいと思っている。そういう場合は「自分の考えや仮説を持とうよ」とアドバイスします。

それも年齢や発達段階でだんだん変わってきます。小学生は考えるも何も、まずは基本をビルトインしてあげる段階。小学生で「僕はこう思う」とは簡単には出てきません。為末さんの小学生時代はそうだったかもしれないですが（笑）。では全部が全部ティーチングでいいのかというと、それでもいけない。少しずつ任せるところを作って、アイデアを出してもらったりする。コーチングもやっていかなくてはいけないと思います。

伸びる子に共通するのは「素直さ」と「明るさ」

為末　森林さんのユニークなところは、小学生、高校生、大学生と常に付き合っていることだと思います。昼は幼稚舎（小学校）で教員をしていて、放課後に高校野球の監督をしていて、そこには大学生の学生コーチがいる。どういう風に人が成長していくのかを見られるわけです。それぞれのフェーズによって学ぶべきことも違ってくると思います。そうやって子どもたちを見られて、どのように感じていますか？

森林　人によって伸びるポイントやタイミングが全然違うなと思います。同じように種をまいて水と肥料をやっていても、全然反応しない人もいれば、ぐんぐん伸びる人もいる。伸びる人もどこかで頭打ちが来てしまうこともある。後から伸びてくるような人もいる。こちらの思った通りにはなかなかいかないという、悟りのようなものがあります。
本当に人それぞれですね。
――そして、その時に何から何まで指示をしてしまうのではなく、個々人の主体性を重んじる。これにはかなりの忍耐が必要ではないでしょうか？

森林　そこはそうでもないというか、毎日、小学校で小学四年生の担任を終えた後に、放課後に高校のグラウンドに来ると「君たちはなんて大人なんだ、ありがとう」と思います（笑）。これは僕のポジションだからこそ感じることなので、すごく大事にしたいです。大人と高校生を比べたら、まだ子どもに見えるかもしれない。だから指導者が導いてあげようとなるのも自然だと思います。でも、小学生を見た後に高校生を見たら、「君たちは大人だな」と本当に思うわけです。

為末　陸上では、日本は中高大と三年、三年、四年で区切って部活をやっていますが、それに対してヨーロッパは地域クラブなのでシームレスなんです。ヨーロッパ型のいい点は、一二歳の時の指導が一八歳の時にどのような効果をもたらすのか、長期的な伸び方を見られるということです。森林さんもそんな風に、たとえば高校時代の指導法が大学生になった時にどんな影響を及ぼすかも見ることができるわけですね。

森林　いろんな年齢の人と毎日向き合うことができるのは恵まれているなと思います。高校生の時にはまだまだだと思っていた選手も、大学生になってコーチとして成長していくことがある。野球選手としては大成しないかもしれないけれど、コーチになってからは人としてしっかりしてくる。そんなたくましくなった姿を見ていると、スポーツ教育を途中で諦められないなと思います。普通、高校の部活の指導者は、選手の卒業後の姿はなかなか見られません。プロ野球選手になったりするとまた別かもしれませんが。

そういう意味では面白いですね。

――年齢を問わず、伸びる子に共通している特徴はありますか？

森林　どの年代でも伸びやすいのは、素直さと明るさを持っている人だと思います。周りから何かを言われた時に、自分の理屈に持っていって自分勝手にねじ曲げるのではなく、まずは素直に聞いてみる。全部を聞く必要はないですが、最初に受け止める素直さ、そして前向きに生きていく明るさがある。年齢にかかわらず、伸びていく人には共通していることだと思います。

――先生や指導者として、そうした人格的な部分にアプローチすることはできますか？素直で明るい子になるように、手助けをすることはできるでしょうか。

森林　できると信じないと、この仕事はつまらないので。そこでは、口で言うよりも姿を見せることをできるだけ意識しています。「明るくあれ」「素直にやれ」と言う前に、自分がそういう生き様を見せることが一番のメッセージになると思うんです。だから僕自身もそう目指してやっているつもりです。学校ではいろんなことが起こるものですが、明るく向き合っていく。自分が間違ったところがあったら、先生という立場であっても素直に謝るところは謝る。口先だけで言うよりも、背中を見せるということは大事です。小学校は担任を六年間やるので、結局、人間的な部分を見られているわけです。それがいい影響を与えていると信じてやるしかないですね。

目先の勝利か、長期的な成長か

為末　先ほど話題に出たティーチングとコーチングの違いは、行き過ぎた勝利至上主義の問題点にも通じると思いました。例えば、高校時代だけを見て勝利に最適化すると、監督がティーチングだけをする手法が効いてくる可能性がある。でも長期的な観点で見ると、成長できないかもしれないわけです。

森林　日本の育成年代のスポーツにもそうした勝利至上主義の歪みがあります。例えば、中央集権で監督に全部権力を集めて従う体制を作って、生活の何から何まで管理する。それがたった二年半しかない高校野球で勝たせるための最適なやり方だと、今までの日本では考えられてきました。

極端な例を言うと、小学生の野球では目先の試合に勝つことだけを考えるならば、バッターは打席でバットを振らないほうがいいですからね。小学生のピッチャーはストライクがあまり入らないので、バットを振らなければ高い確率でフォアボールになるんです。だからといって、指導者が「どうせ振ってもヒットにならないんだから、余計なことはせずにただ立っていなさい」と指導していては本末転倒です。

小学生の野球でも「全国大会に行かせたい」という思いはあって当然ですが、そのために目の前の一、二年だけで成果を出すための育て方になってしまう。ティーチングで、勝つための戦術をみっちり教えるというやり方です。しかしそれでは、長期的な成長をだいぶ捨てている可能性があります。子どもたちは自分で考えることができなくなるわけですから。

高校野球でよく問題になるのは、サイン盗みです。キャッチャーのサインは二塁ランナーからだとよく見えるんです。それをちょっとした動きでバッターに伝えたりする。あるいはベースコーチがキャッチャーのサインを盗み見してバッターに伝えることがある。それを防ぐためにキャッチャーのサインが複雑化して、試合が長引いたりしている。本質からはどんどん遠ざかっていますね。

サイン盗みは指導者が「バレないようにカンニングしろ」と言っているようなものです。それをやったらおしまいだろうと思います。やったらダメな領域にまで踏み込んでしまっている。選手が目の前の試合に勝ちたいのはしょうがないと思いますが、それだけではないという視点を指導者は持たないといけません。目先の勝利だけにとらわれることで、失うものがたくさんあるんです。

為末　短い期間の勝利に最適化した指導がある。しかしそれは選手への負担が大きく、将来の成長が阻害されるかもしれない。一方、将来を見つめた指導の仕方をすると、短い期間での最適化とは限らない。その最たるものが主体性を育てることですよね。

森林　もちろん両立するのが一番いいわけですが、そんな綺麗ごとでは済まずに、二択になる場面もあります。ピッチャーが故障がちで「肩が痛い」と言っているけれど、彼が最後まで投げ切ってくれれば、勝つことができそうな状況などです。

プロ野球選手の佐々木朗希《ろうき》は、二〇一九年の大船渡高校時代、甲子園出場を懸けた岩手大会決勝で登板せず、チームは敗退しました。監督が「故障を防ぐため」という判断をしたんです。エース選手だったので、その試合だけを考えれば登板することで結果も違っていたかもしれない。でも監督は長い目で見た上で、出さないという判断をした。このように、勝利か育成か、その決断を迫られる場面があります。

為末　野球にはそういう場面が多そうです。陸上とはちょっと違うところだと思いますね。

——長期的な視点で選手を育成する。そのためにこそ、いかに日頃の練習を最大限効果のあるものにするかが重要になってきますね。
森林　そうですね。その対極にある一番ひどい例が、指導者による体罰でしょう。選手を恐怖で従わせて、強制的にすぐに何かをやらせるわけです。
為末　ジュニア時代のスポーツにおいて勝利至上主義に陥ってしまうのは、構造上の原因もあるように思います。中学、高校、大学とそれぞれの時期で活躍することは、進学にも大きく関わってきます。だから本人は結果を出したい。指導者もなんとか結果を出させたいと考える。そんなインセンティブが強く働きがちであるという問題があるんです。
　ではそうであるならば「小学校の全国大会をやめましょう」といった構造解体論が出てくるでしょう。でも本当に全部のスポーツで廃止したりしていいものなのか。それは子どもたちにとっても、大きなモチベーションになっている側面もあるはずです。そうすると、一つひとつのチームの指導者側が、勝利至上主義に陥らずに抑制的になってバランスを取る必要があるわけです。
森林　一方で、指導者の自己抑制という性善説がなかなか成り立たないのも課題なんですね。例えば、ピッチャーの投球制限があるのも、指導者が自己抑制できていない背景があるからです。多くの球を投げると体によくないのは間違いない。だけれど、目の前の試合は勝ちたい、大会で優勝したいという誘惑にかられる。そこで少数の選手を酷使することになるわけです。そうなってしまわないように、誰もが犯せない投球制限のルールを作ったほうがいいという性悪説的な考え方がとられています。

性善説に立てば、一人ひとりの指導者が考えたらいいとなる。でもそれではなかなか立ち行かないわけです。だからルールを作らざるをえないと。それでも機能しないのであれば、小学生野球の全国大会を廃止する方向に向かうしかないかもしれません。

小学生の野球は指導者の数も多いため、どうしても教育や研修が行き届かない人たちがたくさん出てきてしまいます。そういう人たちが、一番若くてコントロールが必要な時期の小学生たちを指導している。そうした問題があるのは事実だと思います。

為末　ちなみにこういう風に勝利至上主義に対して批判的に話していると、勘違いされがちなことがあります。例えば「勝利至上主義をなくすと、日本の若い人たちが一生懸命になる機会がなくなる」といった意見です。でもそういうことではないんです。勝利それ自体を否定しているのではなく、「至上」主義になってしまうことが問題なんです。勝つために一生懸命にやることは大前提ですし、長期的な視野での勝利主義はある。この辺りのニュアンスがもう少し世の中に伝わるといいなと思います。

森林　スポーツは大前提として、勝利を目指すものですからね。根源的に「相手を上回りたい」という思いがあります。「手段は選ばずとも勝ちさえすればいい」という至上主義がダメだということですよね。「運動会で順位をつけない」「小学生は対決してはいけない」ということではない。

勝利すること自体を取ってしまったらスポーツになりません。でもその勝ち方が大事です。正々堂々とやって勝つ。そうじゃないと、部活でスポーツをやる意味はなくなってしまうでしょう。「ずるいことをしてでも勝ちさえしたらいい」という考え方を身につけてしまったらどうしようもない。でも、そうなってしまっている現状もあるわけです。

「ハック」の風潮に抗う

――今の世の中では、勝つ時のプロセスを重視するのではなく、ルールをハックしてでも勝ってしまえばいいという考えが広がっているような気がします。

森林　ルールの抜け穴は禁止されてないからいいんだ、と。確かにそういう人は世の中に多いように思いますね。

為末　ルールに書かれていないから大丈夫だという考えが社会に浸透してくると、それでは構造の問題だとなって、それを禁止するルールが増えていきます。そうすると結局、窮屈になってしまうわけです。

また、「ルールだからやらない」という判断と「自分の信念に照らし合わせてやるべきじゃないからやらない」という判断では、その人の中に残るものが全然違う気がするんです。「自分はこれを大事にしているからやらないんだ」ということが大事だと思います。

主体性の究極の姿は、何を正しいとするかを自分で決めるということです。生きていく上で何を大事にしていくか。そこまでスポーツ教育で培うことができれば、本当に大きな価値があると思います。「仲間を大事にする」といった一般的な倫理教育のレベルではなく、いろいろな課題がある中で試行錯誤しながら「自分たちはこのようにやっていくんだ」という道を見つけていく。

森林　スポーツをやっていると、具体的な場面がやってきますからね。授業で教科書から学ぶのは一般論じゃないですか。そうではなく、スポーツでは具体的な状況の中で答えを出さないといけません。しかも選手も指導者も本当の答えはわからない。そうした状況で必死に考えることができるのが、スポーツが人を育てる上での大きな価値の一つかなと思います。

第5章

主体的に生きるために

人生論

主体性が生まれるきっかけ

——お二人ご自身は、これをきっかけに主体性が身についた、という出来事はありますか？　あるいは逆に主体性がなかったと思う時期はありますか？

森林　高校生の時に監督に「セカンド牽制のサインプレーを自分たちで考えろ」と言われたんです。「そんなことを任せてもらえるの？」「自分たちで決めていいの？」と驚いたことを、今でも覚えています。それまではサインというのは、決められたことを指示通りにやるものだと思っていました。だから「自分たちで考えるとはどういうことなんだろう」とちょっと心がざわざわしながらも、任される喜びがありました。自分たちで決めることによって、プレーに責任を持つ意識も芽生えました。それが主体的に考えることの楽しさを感じた、大きなきっかけだったと思います。

逆に大学卒業後にサラリーマンをやっていた三年間は、本当に主体性がなかったと思います（笑）。強烈につまらなくてやる気が出なかった。考えてみると、大学生の頃に学生コーチをやっていて、充実しすぎていたんですよね。それとのギャップも大きかったんでしょう。

――学生コーチの経験は仕事にも活きるように思いますが、そうではなかったんですね。

森林　社会人になってからは、それを活かしてビジネスの世界で頑張ろうと思っていたんですが、全然燃えなかった（笑）。そこで会社を辞めて、指導者になるという決断をしました。自分で筑波大学の大学院への進学を決め、引っ越して一人暮らしを始めたんです。それは主体的に選択していたと思います。

為末　僕自身を振り返ってみると、子どもの頃から意思のある子ではあったと思うんです。「これをしたい」「こうなりたい」という考えを持っていました。指導者も素晴らしくて、「じゃあどんな風になりたい？」などと一対一で話を聞いてくれるような関係性がありました。それがうまくいっていた気がします。

――やはり名門のレベルの高い陸上部にいらしたんですか？

為末　中学校の部活では、全国大会に個人で行ったのは僕だけで、全員がレベルが高いというわけではありませんでした。でもそこでは自分でノートに目標を書く文化があったんです。

――中学生のうちからそういうことをやられていたんですね。

為末　陸上競技はスケジュール競技なので、数字を出しながら考えられるんです。次の大会は何秒で走りたいか、全国大会で何番になりたいか。来年の八月の大会で目標を達成するためには、一〇月からの練習はどのようにこなしていけばいいか。そうしたことを書いた上で、指導者と話をしていましたね。

ただ、僕にとって主体性が出てきたという意味で一番大きかったのは、二三歳の時に一人で海外の試合に出場したことでした。自分で新たなところに踏み出ていくような感覚があったんです。

森林　一人だけで海外遠征をするようなことがあるんですね。

為末　陸上の大会は賞金レースですが、当時あまりオフィシャルな仕組みになっていませんでした。だから海外で試合に出ようと思うと、エージェントを通して出場するんですよ。僕はその時、オーストリア人のエージェントに紹介されて、海外遠征に行くことになりました。

ただ賞金は、多くて数十万円ほどの世界。しかも、渡航費用を自分で負担しないといけない時もあります。最初の試合はローマでしたが、それも急にメールで「何日か後にローマで試合があるから来れる?」と連絡があったんですよ。だからその日までに自分で飛行機を予約してイタリアまで行ったんです。空港からはバスで競技場に運ばれて練習して、ホテルに一泊したら次の日にレースをして、ホテルに帰ってきて寝る。次の日、皆それぞれ次の国の試合会場に向けて、バスや飛行機に乗って移動していく。

当時は英語が喋れないながらも何とかしながら、イタリアからクロアチアへ、そしてクロアチアからスイスへと移動をしました。それはある意味で、バックパッカー的体験でもあったんですね。海外に一人で行くのは初めてだったので、いろんな体験がそこに凝縮されていました。

森林　チームで動く野球とは全然違いますね。海外の大会に一人で出場した経験はいかがでしたか?

為末　大会では調子がよかったので、一番や三番になったんです。その時に「とにかく何事もやってみないとわからない」と気づきました。まずはやってみることが大事だと。

若い頃から競技力が高かったので、負けることへの耐性はあまりなかったように思います。陸上はとくに自分の進路を選ばなくてもエスカレーター的に進めるところがあるんです。高校時代にこのぐらいのタイムだったら、だいたい四つか五つ程度の大学のうちのどれかを選ぶ。大学で活躍すると、また四つか五つの実業団のうちのどれかに入る。そうしていくうちに予選会の大会で結果が出ると、オリンピックに出場する。そういう道筋がある程度決まっているんですよ。それほどリスクを取らなくても陸上の場合、直線的な努力だけでオリンピックまで行けてしまうんです。

——王道のルートが用意されているんですね。

為末　でも最初にオリンピックに出場した後に、このままでは世界で勝負できないと思いました。当時は日本人選手の多くは国内で練習していましたが、それが影響してかあまりにも海外との差が大きかったんですね。それで僕は海外のレースに参加してみようと決めたんです。それが今考えると、初めて自分で大きく集団・群れから離れて、路線変更した経験でした。その時から、生き生きしてきた気がします。「頑張るぞ」という気力が湧いたんです。フィールドが広がった感じがしました。だから本当に行ってよかったと思いますね。正味一〇日ぐらいの海外遠征でしたが、陸上人生で一番成長した経験でした。

――見る世界が変わったということですか？

為末　そうですね。人が大きな選択をする時は、どうなるかわからないリスクがありますよね。でもそこで「行くぞ！」と思って行ってみると、なんとかなるものなんだとわかった。それは大きかったと思います。

失敗なんかない

――主体的に何かを選ぶということは、そこに責任が生じるということでもあると思います。失敗したら、自分の責任になる。お二人からすると、そういう怖さがあっても自分で飛び込んだほうがいいと思いますか？　もしそうやって悩んでいる人がいるとしたら、どのようにアドバイスするでしょう？

為末　まずは、失敗の確率がある程度あるからこそ挑戦なのだ、ということでしょうか。それを繰り返していくと、慣れていきます。僕は今振り返ると、選手の時に国内で負けることを恐れすぎたように思います。日本にいると「日本代表選手で優勝候補の為末さん」のように紹介されることが窮屈で。それもあって海外に行って、誰も僕のことを知らない人たちの中で、勝ったり負けたりしたのはすごく楽しかったんです。

もちろん自分で選択をして行動する時に、どれくらいのリスクを許容できるかは人によって幅があります。思いきりリスクを取れる人もいれば、あまり取れない人もいる。でも少しずつ自分の殻を壊していくというのは、どの年齢からであってもできるし、それが多くの人の人生の幸せに繋がるんじゃないかなと思います。

森林　そうですね。自分でそれがよしと思った判断なら、結果があまり思わしくなくとも、納得できます。僕の場合も、新卒で入った会社を辞めて大学院生になったわけですが、学生になったところでどこに就職できるか、どこで教師をできるのかもわからない。周りから見たらリスクが大きく見えたかもしれません。でも当人からすると、そのリスクは別に大したことなくて、むしろそれよりもやりたいという気持ちのほうが大きいわけです。その結果がどうなろうとも、「自分で決めたことだから」と腹をくれます。

高校野球について思うのは、大きな視野で捉えるならば、失敗なんかないということです。失敗に見えるかもしれないけれど、いい経験ですから。大事な試合で負けた時、選手本人たちはそれこそ絶望していて、もう終わったという風でいます。でも「そんな経験ができるのは幸せなことだし、その失敗も含めていい経験なんだ」と言ってあげたいです。

為末　同感です。スポーツでは疑似的に、人生が程よくかかっている感じがあるんです。学校生活では「負けたら終わってしまう、勝ったら次にいける」というリアルな経験はあまりない。スポーツを通じて、人生の早い段階でそれを経験できるのは財産だと思います。

森林　大事なのは失敗した後ですよね。その失敗を、本当に失敗のまま終わらせてしまうかどうか。例えば、チャンスで空振り三振したとしたら、その試合においては失敗です。しかし試合後に「今度はなんとかファールにできるようにしよう」「ボールの球を見極められるようにしよう」と考えながら練習していく。それで次の試合では答え合わせができる。そこでなんとかファールで粘ってフォアボールを取れたら、前の試合の失敗があってよかったということになる。つまり、失敗は成功するための材料のようなものですね。失敗自体は全然悪いことじゃない。それを次にどう活かしていくかに、一番重点を置きたいところです。

——失敗の理由を自分なりに考えて、それをどう克服していくかが大事だと。

森林　そうですね。自分で考えられると一番いいですが、高校生は一人だけでは難しいところもあるでしょう。それならばチームのメンバーで振り返ることもあるだろうし、指導者側からの視点を提供することもあります。失敗した時はこれまでのやり方を変えるいいチャンスなんです。そういう時には選手たち任せにせず、総力を結集して考えるべき大事な局面と捉えて、「あと二か月で結果を変えるためには、こういう練習もしないといけないよ」などと助言をします。

為末　「失敗を楽しむ」という言い方もできるでしょうか。もちろん失敗している最中は楽しいわけはありません。でも今振り返ると、失敗がない競技人生だったら、あんなに夢中になっただろうかと思うんです。あのヒリつくような感じ。全体のプロセスを俯瞰してみると、楽しいこともあれば、失敗も経験する。いろんなものが混ざっている気がするんですよね。

森林　失敗があるからこそ、次の原動力になる。失敗したということは、新しいことに挑戦した結果です。あるいはずっと現状維持しようと思って、消極的になって失敗したのかもしれない。いろんな失敗がありますが、トータルで見たらそれも必要だったなと思うんです。

　そもそも、失敗という表現が適切なのかどうか。本当に取り返しがつかないような失敗もあれば、取り返しがつくものもあるでしょう。スポーツでは怪我などではない限り、これから成長するためのチャンスだと捉えられる。

為末　失敗は「経験」という捉え方がいい気がしますね。

森林　「失敗」だと「失う」「敗れる」ですが、何か別の、前向きなワードに変えたいですね。逆に得るものがあるわけですから。選手たちは必死にやった末なので、すぐにはわからないかもしれませんが。

為末　負けた後はそれこそ、「この世の終わりだ」という顔をしていることもありますよね。
森林　特に最後の夏の大会で負けると、三年生は部活が終わってしまう。そこではもちろん、泣いてしまうし、落ち込んでしまうでしょう。その当日には「いい経験だ」とは言えないけれど、日を改めてこれまでのプロセスが大事だったということを伝えます。「これまで自分で工夫して頑張ってきたこと、仲間と一緒にやってきたことが今後の人生に必ず活きてくる」と話すんです。

「楽しむ」と「楽しまされる」

為末　「楽しい」という時に、本当に楽しんでいる時と、楽しまされている時の両方があると思うんです。一見同じように見えて、そこには微妙な違いがあります。周りがいろいろお膳立てをすると、楽しい気分が作れることもあるんですよね。

うちの息子がゲームをやるのを見ているとそう思うことがあります。自分からゲームを攻略しにいく時と、ゲームのアルゴリズムが人間の快楽中枢を刺激して、何となく楽しい気分のまま時間が過ぎている時がある。この境目は微妙なんですが、大きい差があると思っているんです。

――「楽しむ」と「楽しまされる」。当人でもその差に気がつかないこともあるかもしれません。

為末　そうですね。結局カギは主体性だと思います。本人が「こういう状態になりたい」というイメージを持った上で、「どうやったらうまくいくだろうか」とあれこれ試している感じ。一方で、適度に難易度を調整し、上手くいった時には光と音で刺激すると人は興奮してそれをやめられなくなります。その微妙な違いというのは、クリエイティビティにも関係していると考えているので、すごく興味があるところです。

旅行でもパックのツアーでは、どんな観光スポットやレストランに行くかというプランは最初から用意されています。しかも、盛り上げる場所も決められている。それに対して、一人で楽しみを見出していくタイプの旅があるはずです。自分で「この町では、どこから見ると夕日が一番綺麗なんだろう」と気になって、探しに行ってみる。楽しむように準備してもらう楽しみ方と、自分から摑みに行った感じの楽しみ方。やはり後者の自分から楽しみを見出して摑みに行く、その感触がすごく尊くて面白いんじゃないかなと思っているんです。

森林　パック旅行のお約束の観光ルートも楽しいけれど、個人旅行で自分でホテルを予約して、街を歩いていく楽しみ方があると。食事は決められた店ではなく、自分で探してみる。そこが美味しくない店だったなら、それはそれで笑えますしね。自分で選んだわけですから。

為末　コーチングにおいても同様だと思うんです。選手の側が指導者に対して「僕を成長させてくれなかった」と考えるパターンがある。でも本当に成長するには、外発的にはできないことで、本人が気づいて自分から動いていくしかない。

以前『熟達論』という本を書いたときに削ったパートがあって、そこでは「遊ぶ」と「遊ばれる」の違いについて論じていました。スポーツの試合では「今相手に遊ばれている」感じが生まれる時があります。対戦相手にいいようにされているような感じです。

例えば、サッカーで相手チームが優勢で、パス回しをされているような状況ですね。

そこで「遊ばれている」とはどういうことだろうと考えると、向こうに先手があって主導権を握っていて、こちらは受け身でしかいられないような状況なんですね。そこから主導権を少しずつ取り戻していくと、自分たちでゲームを作る感覚が生まれてくる。あの辺りの微妙な感じとちょっと近い気がしていて。一見すると、判断がつかないんですが。

森林　面白いですね。摑みに行く楽しさと、与えられた楽しさ。自分で摑みに行く楽しさというのは、レベルが高く味わい深いものなんだと思います。

為末　主体性を持つとは自分で自覚的に選択するということであり、それが「楽しむ」という感覚の核心にある。

森林　そう思います。逆に、人に決められたら楽しくない。洋服が好きな人だったら、自分で選んで決めるのが楽しみだと思います。興味のあることに関しては自分で選んで決めたいですよね。決めるということが喜びなんです。

監督という仕事は決断の連続です。試合中にピッチャーを替えるか替えないか、スターティングメンバーをどの打順にするか、どんな練習をするか、練習試合をどの相手とやるか。決断は責任が重く大変だという風に捉えればそうだけれど、でもこんなにやりがいがあることはない。まさに生きているという感じがします。決断する・選ぶということが僕にとっては喜びだし、主体的に生きているということを実感できるんです。

僕の場合は野球の監督をやっているとそう感じられますが、人によってそれが何なのかは違ってくるでしょう。「自分は人と違うことをやるのではなく、皆と同じでいいんだ」という選択もあると思います。でもそれも自分で決められたらいいですね。結局は生き方を自分で選ぶということが大事。

だから若いうちから、スポーツを通じていろいろなことを決断するのはいいことだと思います。それが大人になってから結婚をする時、家を買う時といった段階で初めての決断をするとなると、ちょっと大変かもしれない。「誰々に言われたから」「世の中では常識だから」と人のせいにするのではなく、自分の決断としてそれをやってみる。挑戦してみた結果がプラスだろうがマイナスだろうが、それは自分の責任ということになります。でもその時は一時的にマイナスになってしまったとしても、長い目で見たらマイナスかどうかはわかりません。そのマイナスをプラスにしていけると思うんです。プラスにするような人生にしていかなくてはいけない。

スポーツの「リアリティ」

為末　先ほども少し触れたように、スポーツ教育でこれから貴重になるのはリアリティだと思っています。僕の競技人生を振り返ると、とにかくリアリティがあったなあと思うんです。皆の前で勝ったり負けたりする。うまくなったことを身体が実感する。試合で成長を感じた時に全身で喜ぶ。逆に調子が悪い時に体の痛みや不自由さを実感する。とにかく圧倒的なリアリティがありました。それに加えて、創意工夫をするということもあって、その学習と充実感たるや凄まじいものでした。

それと比べると、社会で生きていると実感が薄い時があって。陸上で「あと五〇センチ足りなかった」と感じて、その上で次に何をやればいいんだろうと必死に考える。そういう風景は今でも目に焼きついています。

スポーツに限らず、何か体を使った課外活動のようなものでもいいかもしれませんが、今後ＡＩが発達する中では、自分の体を使った経験が貴重になってくるはずです。

――ＡＩはすぐ情報を提供してくれますが、実際に体を動かして感じるのとは大きな違いがありますね。

為末　ＡＩに「ディフェンディング・チャンピオンはどのような心理状態？」と聞いてみれば、すぐに説明してくれるでしょう。でもそれは本当はどんな感じなのか、リアリティはないわけですね。朝起きた瞬間に胸がドヨンとするようなあの感じを、体で体験しているのとは全然違う。場合によってはしんどいこともあるでしょう。とはいえ、スポーツなので本当の身体的な危険からは守られている。ある種のバーチャル空間なんだけれど、とてもリアリティがあるという感じです。

森林　スポーツは体を動かす側面を見られがちですが、心の動きも大きいと思うんです。体を鍛えていることや体の動きが注目されますが、感情の部分として、勝つ喜び、負ける悔しさがある。さらに仲間との友情や絆、周りの人々への感謝の気持ちもある。そんな喜怒哀楽を含めて、いろんな心の動きを経験できるわけです。

そしてその中で、深く思考することができます。僕はスポーツにおいて考える要素は無限にあると思っています。大きな振れ幅の思考を体験することで、心と頭も鍛えられていく。そういう経験で人を育てることができるのが、スポーツというものだと思います。

スポーツにはいろいろな側面があって、性別や年齢を問わず、ただ仲間と体を動かすだけで楽しいというものでもある。一方でアスリートのように人生をかけて向き合う場合もある。そうした中で、僕が向き合っている高校生や小学生などの育成世代にとって、スポーツは本当に多角的に人を育てることができる素晴らしいものだと思います。その大切さを今後もっと伝えていきたいですね。

為末　おっしゃるように、スポーツで体を動かしてただ楽しむということも重要な側面ですね。誰もが必ず成長し学ばなくてはいけないと考えると、ちょっと窮屈になってしまう。気晴らしとしてスポーツが大事な人もいるでしょう。

一方、今回の本において探究してきたのは、自ら主体的に考えながら向き合っていく楽しさでした。そういう世界の魅力が必ずある。さっきの話と少し近いですが、熱く燃えるような感じのリアリティが、面白さや楽しさの背景にある気がしています。

例えば、映画やアート作品を見て心が奪われるという体験をすることがあります。情報として鑑賞して面白いと感じることもありますが、心が奪われる時は鑑賞しているという意識すらなくなって、見ている対象と自分が一体となっている。没頭というか、夢中というか。ともかく我を忘れている。

夢中が大事だよとよく言いますが、夢中を客観的に人と比較することはできないですよね。でも、明らかに深さに段階があるように思います。深い夢中ほど体験として濃い。

その類の楽しさは、今の社会の中では比較的難しくなってきているかもしれません。あらゆることに配慮をすることは、常に自分を客観視しながら、冷静に行動を抑制していくことでもあります。おかげで、社会はずいぶん穏やかになりましたし、お互いに配慮しあうようになったのだと思います。一方で、人が夢中になっている姿はむき出しです。仲間と激しくぶつかることもあるし、感情も上下する。だからこそそこには強い感動や悔しさがともないます。僕から言いたいのは、そういう世界に恐れずにどんどん踏み込んでいってほしいということです。社会の側も一定のブレーキはかけながらも、やはり理解して許容していくことが大事です。全力で何かに向かいたい人に対しては、応援するようになってほしいなと思います。

考えることは人間に与えられた特権

森林　何かに熱中し、夢中になる。そこには深い楽しさがある。その対象は必ずしもスポーツではなくてもいいと思っています。スポーツ以外でも、仕事には仕事の奥深さや楽しさがあるでしょう。文化や芸術の世界にもそういうことがあるはずです。僕自身はスポーツの楽しさを伝えたいものの、でもそれだけではないでしょうという気持ちもあるんです。それぞれの分野で、ある境地に達した人たちは、それぞれの楽しさを持っているはずです。

――「自分のやりたいことがわからない」という悩みも多いように思います。大学生の就職活動で、どの業界を目指せばいいのかわからない。あるいは定年後に何をしたらいいのかわからない、といった悩みです。

為末　僕は人生の前半においては、陸上というものがうまくハマっていたと思います。ただ、引退してから社会に出た時は、そんなにやりたいことがあったわけではありませんでした。それとちょっと近い気がします。ただ、やりたいことがあるから考えるわけではなくて、何でも考えるということは可能だと思います。

例えば、僕はコメンテーターの仕事もやっていますが、自分が心の底からやりたかったというよりも、ニーズがあるからやっていたところがあります。そこでいざやってみると、「結局コメンテーターとは何なんだろう」「どういう風にすると社会にとってよいんだろう」などと考え始めるんです。そうしたらそれなりに夢中になっていく。自分から恋をする練習というのでしょうか。完全に恋に落ちることはできないにしても、自分で考えていろいろやってみて、面白がっていくことが大事な気がします。すでにやりたいことに出会えている人はラッキーですね。そういう意味では、僕の人生の前半は本当にラッキーだったと思います。

森林　皆が皆、自分の天職に出会うわけでもないですよね。自分がやりたいことが見つからなければ、まずは目の前のことを一生懸命やる。どうせやるなら、楽しんでやることが大事だと思います。そういう連続の中で、本当に自分にとって楽しいものが見つかりやすくなる気がするんです。そこでなんとなく無難にやっていたら、結局何も見つからないままになる。自分をむきだしにして一生懸命向き合うことで、本当にやりたいことの見極めがつくように思います。

為末　そこで向き合っている時には、やはり考える喜びが大きい気がします。いつも僕が本を出す時には、そのことをおすすめしたいと思っているんです。今回の本を通して伝えたかったのも「自分で考えることのすすめ」だったように思います。

森林　自分で考えるということが、スポーツに限らず、人生の楽しさに繋がっていますね。それは人間に与えられた特権のようなものだと思います。

あとがき

森林貴彦

二〇二三年夏の甲子園で慶應義塾高校は実に一〇七年ぶりの優勝を果たしました。テレビのワイドショーや週刊誌でも大きく取り上げられ、象徴的な「Enjoy Baseball」という部訓は広く知られることとなりました。しかし、その真意は十分に理解されていないと感じています。プレー中の笑顔や髪の長さだけがクローズアップされ、「勝敗を気にせず楽しんでいるのだ」とコメントされることも多々ありました。

私自身は「よりレベルの高い野球を愉しもう」という意味だと理解しています。チーム目標は「ＫＥＩＯ日本一」であり、とことん勝負に執着しています。ただし、勝利至上主義とは一線を画し、スポーツマンシップを身につけ存分に発揮したうえでの、正々堂々の勝利を目指しています。重圧や緊張も感じていますが、それ以上に大舞台で素晴らしい相手と試合できる喜びや、お世話になってきた方々への感謝の気持ちが上回るからこそ「いい顔」でプレーできると信じています。鍛えるべきは心技体であり、そこに髪の長さは影響しないと考えています。チーム一丸となって追求すべきものは全員で追求し、個人の自由に委ねるべきところは個人に委ねると明確にしています。
まだまだ微力ではありますが、従来の高校野球のあり方に一石を投じ、新たな高校野球の価値を示せたのではないでしょうか。

この対談を通じて感じたことの中で一番に挙げたいのは、為末さんが「究極の個」であること。チームスポーツをしてきた私にとってはかなり新鮮でした。野球は九回まで戦って得点を競うチーム戦ですが、投手対打者のように局面ごとの個人戦の集合体という見方もできます。ですから、チームワークや献身的なプレーという視点だけでは不十分で、一人一人が強い「個」にならなくてはいけません。陸上競技は個人種目が中心で、結果を全て自分で受け止めないといけません。さらに為末さんはコーチをつけない時期も長かったと聞きます。そうすると年間のスケジューリング、練習の組み立てや実践、試合へのエントリー、移動や宿泊の手配、試合中のメンタルコントロール、試合後の評価や反省、次の課題抽出など、本来は指導者やマネージャーに任せたいこともすべて自分で行なうことになります。どれだけ大変なのか想像もつきません。為末さんが体現してきた「真の主体性」を生み出すにはここまでしないといけないのかと気が遠くなります。実際に高校野球において同じ環境を提供することは難しいのですが、個を強くするためにできることから取り入れてみようと決意しました。

高校野球だけでなく自分の人生において、何を正しいとするか、何を目指して生きていくか、これからは今まで以上に主体性が必要な時代になっていきます。周りの人と比べても、平均値や標準的な数値と比べても意味がない時代になるのです。高校野球を通じて部員たちがどうやって主体性を身につけていくのか。為末さんから大きな宿題をもらった気がしています。

もう一つ印象的だったのは、「スポーツで感じるリアリティを通じて、生きていることを実感するんだ」という発言です。スポーツの価値として、私が言葉にできなかった感覚を見事に言語化されたものだと感じました。スポーツをしている最中やその後の充実感は何ものにも代えがたいものがあります。「生きがい」にも通じる感覚です。為末さんに今回、スポーツの価値の新たな一面を教えていただきました。

さて、スポーツの価値とは、いったいなんでしょうか。試合で勝利を摑むことでしょうか。新記録を達成することでしょうか。それも大事ですが、結果としての「勝ち」や「達成」が大事なのではなく、それを真剣に追求するからこそ、その過程で得られるものが「価値」なのです。それはスポーツマンシップであり、折れない心であり、インテグリティーであり、主体性なのです。スポーツに取り組むことで得られる価値を、スポーツに関わる人間、特に指導者はもっと発信していくべきです。発信するからには、言語化する能力が必要です。指導者は今までそこを避けてきたのではないでしょうか。スポーツの価値は何か、という問いに正面から答えることができなければ、今後スポーツの存在意義は今よりも小さくなってしまうでしょう。

スポーツには大きな魅力があり、大きな価値があるのです。スポーツを通じて人は成長できます。人生は豊かになります。社会も豊かになります。そのために私にもできることがあります。これからも力を尽くしていきます。

ハヤカワ新書 036

スポーツは人生《じんせい》に必要《ひつよう》ですか

二〇二四年十二月二十日 初版印刷
二〇二四年十二月二十五日 初版発行

著者 森林《もりばやし》貴《たか》彦《ひこ》
為《ため》末《すえ》大《だい》
発行者 早川 浩
印刷所 精文堂印刷株式会社
製本所 株式会社フォーネット社
発行所 株式会社 早川書房
東京都千代田区神田多町二ノ二
電話 〇三‐三二五二‐三一一一
振替 〇〇一六〇‐三‐四七七九九
https://www.hayakawa-online.co.jp

ISBN978-4-15-340036-8 C0275

未知への扉をひらく

「ハヤカワ新書」創刊のことば

誰しも、多かれ少なかれ好奇心と疑心を持っている。

そして、その先に在る納得が行く答えを見つけようとするのも人間の常である。それには書物を繙いて確かめるのが堅実といえよう。インターネットが普及して久しいが、紙に印字された言葉の持つ深遠さは私たちの頭脳を活性して、かつ気持ちに余裕を持たせてくれる。

「ハヤカワ新書」は、切れ味鋭い執筆者が政治、経済、教育、医学、芸術、歴史をはじめとする各分野の森羅万象を的確に捉え、生きた知識をより豊かにする読み物である。

早川　浩